POLYGLOTT

KUBA

ON TOUR

DIE AUTORIN

MARTINA MIETHIG

ist ausgebildete Journalistin (www.GeckoStories.com) und schreibt Reiseführer sowie Reportagen für überregionale Zeitungen und Magazine, auch über ihre zweite Heimat: Kuba. Auf der Karibikinsel hat die Berlinerin seit mehr als zehn Jahren Familie, und – *claro que sí* – natürlich tanzt sie Salsa und kennt sich aus im »Socialismo tropical«.

Unser E-Book-Code zur elektronischen Erweiterung des POLYGLOTT on tour. Das kostenlose E-Book enthält die im Reiseführer aufgeführten Adressen entlang der Touren, beispielsweise zu Essen und Trinken, Shoppen, Aktivitäten und Hotel-Tipps. Links auf einen externen Kartendienst vereinfachen das Auffinden dieser Adressen.

WWW.POLYGLOTT.DE

SYMBOLE ALLGEMEIN

Erstklassig: Besondere Tipps der Autoren

Seitenblick: Spannende Anekdoten zum Reiseziel

12 Top-Highlights und

Highlights der Destination

TOUR-SYMBOLE

❶	Die POLYGLOTT-Touren
6	Stationen einer Tour
A1	Die Koordinate verweist auf die Platzierung in der Faltkarte
a1	Platzierung Rückseite Faltkarte

PREIS-SYMBOLE

	Hotel DZ	Restaurant
€	bis 60 CUC	bis 10 CUC
€€	60 bis 100 CUC	10 bis 25 CUC
€€€	über 100 CUC	über 25 CUC

ZEICHENERKLÄRUNG DER KARTEN

	(Seite=Kapitelanfang) beschriebenes Stadtviertel
10 E h	Sehenswürdigkeiten
4	Tourenvorschlag
	Autobahn
	Schnellstraße
	Hauptstraße
	sonstige Straßen
	Fußgängerzone
	Eisenbahn
	Staatsgrenze
	Landesgrenze
	Nationalparkgrenze

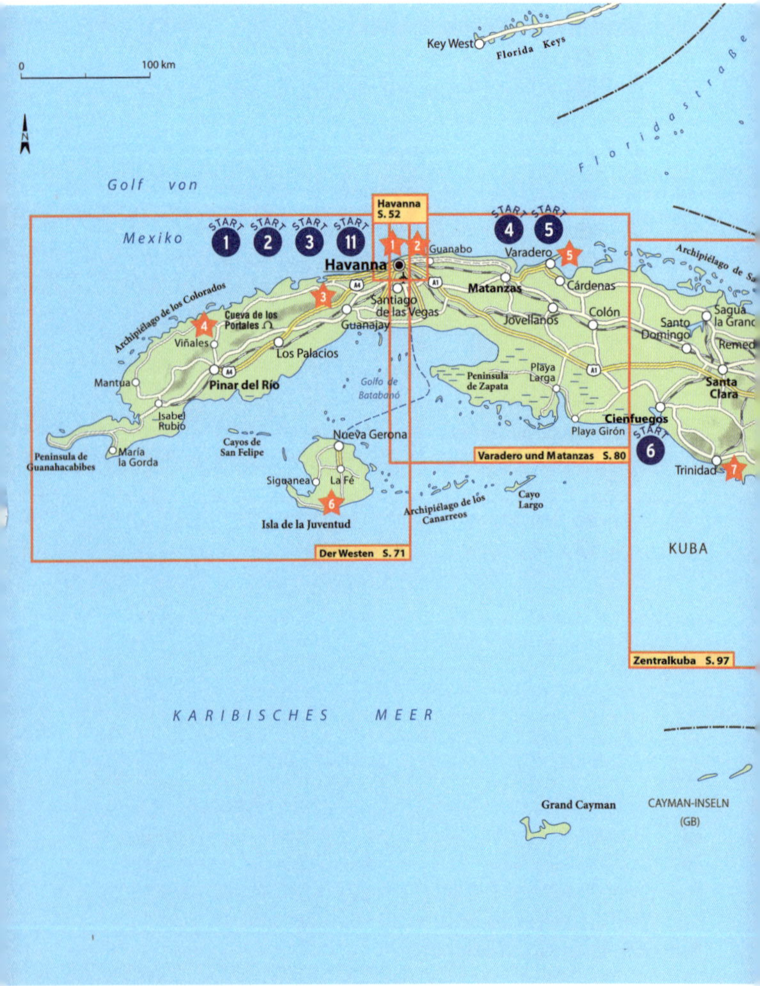

Perfekte Planung > Parallel vordere Klappe aufschlagen

TOP 12 HIGHLIGHTS

Die Nationalhelden Che Guevara, Camilo Cienfiegos und Julio Antonio Mella verewigt auf einem »mural«

TYPISCH

KUBA IST EINE REISE WERT!

Kuba ist einzigartig. Ein oft kafkaeskes Land im Wandel wie kein anderes. Eine Zeitreise. Hier mischen sich Stolz und Leidenschaft mit Apathie, Nostalgie und Galgenhumor. Glanz und Gloria mit Bilderbuchstränden und Ruinen. Für manchen ist es Liebe auf den ersten Blick.

MARTINA MIETHIG
Die Autorin ist ausgebildete Journalistin (www.GeckoStories.com) und schreibt Reiseführer sowie Reportagen für überregionale Zeitungen und Magazine auch über ihre zweite Heimat: Kuba. Auf der Karibikinsel hat die Berlinerin seit mehr als zehn Jahren Familie, und – *claro que sí* – natürlich tanzt sie Salsa und kennt sich aus im »Socialismo tropical«.

Der Bus fährt schnaufend los. Hineingequetscht haben sich drei Mal mehr Fahrgäste als erlaubt – wie die Sardinen. Unbekümmert steckt ein kaum hüfthoher Knirps seine Nase durch den Spalt der kapitulierenden Tür, er spitzt die Lippen und schickt der Blondine am Straßenrand einen Schmatzer durch die tropisch schwüle Luft. Unser Mann in Havanna? Noch nicht ganz, aber früh übt sich!

Als ich 1998 das erste Mal nach Kuba reiste – in ein Land, in dem die Zeit stehen geblieben zu sein schien –, kam ich aus dem Staunen kaum heraus: über die Sinnlichkeit in Havanna, dieser vor sich hinbröckelnden Karibikmetropole. Über die höflich gereichten Hände beim Aussteigen aus den klapprigen 59er-Chevrolets mit ihren voluminös-tiefen Ledersitzen. Über das »ay, mi amor …«, mit dem mich selbst die Frau in der Telefonzentrale mangels Verbindung zu trösten versuchte, ebenso wie die Frau vom Gemeindebüro *(poder popular)* – weil sie nicht sagen konnte, wann es endlich wieder Strom gibt. Über ein maßlos stolzes Volk umgeben von Mangel bei seinem alltäglichen Guerillakampf und Schlangestehen, das sich mit altertümlich oder exotisch anmutenden und zumeist illegalen Nebenjobs über Wasser hält – trotz aller sozialistischen Hürden. Zum Beispiel als Haareinkäufer oder Liebesbriefeschreiber, ja wirklich.

Die kubanischen Männer sind berüchtigt für ihre Komplimente *(piropos):* mal laut hinterhergerufen oder hingezischelt, mal voller Poesie und verbaler Blumensträuße, mal witzig, vulgär oder mit derart revolutionärem Pathos, dass sie selbst Che Guevara zum Leben erwecken könnten.

Und nirgendwo scheinen die Klischees die Wirklichkeit mehr übertrumpfen zu wollen als in Havanna. Musik schallt aus jedem noch so einsturzgefährdeten Hauseingang, bei Tag und Nacht, vor allem die erbarmungslos schnulzigen Latinoschlager, außerdem romantische Boleros oder provokant-agressiver Reggaeton.

Musik und Rum, Galgenhumor – und die Dollars der Millionen verwandten Auslandskubaner helfen den elf Millionen Daheimgebliebenen, ihren Alltag weiterhin zu ertragen. Nicht jeder kann seine Sorgen einfach beim Salsatanzen vergessen, auch wenn alle Welt zu wissen meint: »Die Kubaner habens im Blut.«

Nehmen wir Rubén, zweifellos ein typischer Kubaner. Einer, der mit Schwarzmarktgeschäften sein offizielles 700-Peso-Monatsgehalt (24 Euro) aufstocken muss, um seinen Kindern in der Fast-Food-Kette Rápido einen real existierenden Hamburger und eine kubanische Tropi-Cola bieten zu können – für die Hälfte des monatlichen Gehalts und bis vor Kurzem groteskerweise zahlbar in der Ausländerwährung CUC. Der selbst am liebsten *moros y cristianos,* Reis mit schwarzen Bohnen und viel Schweinefleisch, isst, den Zucker mit Kaffee (!) trinkt und der wie fast alle seiner Landsleute ein wahrer Meister der Improvisation ist, schon sein ganzes Leben lang. Nur: Rubén kann nicht Salsa tanzen, er beherrscht nicht einmal den Grundschritt! Dafür kennt er jeden Spielzug beim Baseball *(beísbol)*, und im Domino ist er unschlagbar.

Keine Frage, die Kubanerinnen sind einsame Spitze im Hüftschwingen, diesem Die-Straße-Entlangschaukeln. Nach so vielen Jahren in Kuba – und,

Bauernmarkt in Camagüey

Frisch gewaschen glänzt der Oldtimer am Straßenrand, aber fährt er auch wie das Bicitaxi?

zugegeben, kläglichen Imitationsversuchen – frage ich mich allerdings, ob diese ausladend schwenkende und typisch kubanische Gangart nicht auch ein bisschen mit den vielen Schlaglöchern zu tun hat.

Die kubanische Hausfrau ist eigentlich den ganzen Tag damit beschäftigt, etwas fürs Abendessen zu beschaffen. Die *período especial,* die Spezialperiode, der 1990er-Jahre ist glücklicherweise vorbei. Damals kursierten skurrile Kochrezepte, etwa wie man aus Pampelmusenschalen genießbare Steaks zubereiten könnte.

Die Zeit ist reif für einen Wandel im ehemaligen Reich der Castros, das seit April 2018 Miguel Díaz-Canel als Präsident anführt. Die behutsamen Reformen seit 2008, nicht zuletzt die lang ersehnte Reisefreiheit seit 2013, und die Annäherung an die so lange verfeindeten USA ändern das Land und die Menschen. Ein Spagat zwischen Sozialismus, Konsum und Kommerz. Noch gibt es hier Kindergärten in Jugendstilvillen und Altenheime in Prunkpalästen – aber wie lange noch?

Ich verschnaufe vor der Heimreise nach Deutschland an meinem Lieblingsplatz mit Panoramablick: Im Stadtteil Casablanca, auf der anderen Seite der Havanna-Bucht, ist es ruhig. Keine Salsa, kein Schnalzen und keine fliegenden Küsse, keine *piropos*. Nur ein Liebespärchen sitzt innig verschlungen zu Füßen der großen Jesus-Statue. Ich genieße die warmen Sonnenstrahlen wie ein Streicheln zum Abschied. »Hasta luego, bis bald, mi amor.«

WAS STECKT DAHINTER?

Die kleinen Geheimnisse sind oftmals die spannendsten. Hier werden die Geschichten hinter den Kulissen erzählt.

WER IST »DER LETZTE«?

Höflichkeit und stramme Organisation treffen manchmal überraschend zusammen. Wer an einer Haltestelle, in der Bank oder im Laden warten muss und keine ordentliche Warteschlange erkennen kann, fragt die Anwesenden korrekterweise nach: »el último?« (der Letzte?).

WOHER KOMMEN DIE FANTASTISCHEN KUBANISCHEN VORNAMEN?

Bei der Namensgebung halten sich viele der Eltern gern an die große Welt- oder die eigene Revolutionsgeschichte. In nur einer einzigen Woche kann man in Kuba neben Fidel auch Jesús oder Lenin, Aristoteles oder Julius César treffen. Und welche Frau wollte nicht schon immer mal einen leibhaftigen Adonis kennenlernen? Und welcher Mann nicht Leidy Diana? Der Fantasie sind keine Grenzen gesetzt.

WARUM FEIERN DIE 15-JÄHRIGEN MÄDCHEN?

La Quinceañera, der 15. Geburtstag im Leben einer Kubanerin ist ein wichtiges Ereignis. Der Wendepunkt zum Frausein wird fein herausgeputzt gefeiert. Die Mädchen tragen wallende Kleider und aufwendige Frisuren wie kleine Prinzessinnen. Damit wird traditionell ihre Heiratsfähigkeit demonstriert. Gern feiert man in luxuriösen Hotels oder lässt dort Fotos schießen. Und es bekommt jeder mit!

WAS SIND TIMBA UND CASINO?

Wer sich zum Salsa tanzen verabredet, trifft sich zu *timba* oder *casino* – kubanische Namen für die scharfe Soße *(salsa)* aus den Grundrhythmen Son und Mambo, einer Prise Rumba und Cha-Cha-Cha. Getanzt wird auch nicht unbedingt als Paar, sondern in einer Art Ringtanz: Bei der *rueda de casino* werden die Tanzpartnerinnen auf Kommando herumgewirbelt und weitergereicht: »Saccala!«, frei übersetzt: »Hol sie Dir!«, »Botala!«, »Wirf sie weg!«. Wer da mithalten will, muss echt ein *salsero* oder eine *salsera* sein.

WAS MACHEN DIE WEISS GEKLEIDETEN MENSCHEN?

Die auffällig weiß gekleideten Menschen in Kuba sind Anhänger der Santería › S. 42, eines afrokubanischen Kults, und meist auf ihrem langen Weg zur Initialisierung als Priester und Priesterin, der Geburt als *santero* oder *santera*. Manch ein Gläubiger trägt selbst auf Reisen stets einen Stein mit sich, der seinen Gott in sich birgt. Oder Perlenketten in den charakteristischen Farben, z. B. weiß für Obatalá, den Friedensgott, der die Menschen schuf.

50 DINGE, DIE SIE ...

Hier wird entdeckt, probiert, gestaunt, Urlaubserinnerungen werden gesammelt und Fettnäpfe clever umgangen. Diese Tipps machen Lust auf mehr und lassen Sie die ganz typischen Seiten erleben. Viel Spaß dabei!

... ERLEBEN SOLLTEN

1 Un-dos-tres Die Hüften kann man natürlich überall schwingen lassen, aber am meisten Spaß bereitet es in einem der unzähligen Tanzklubs wie dem Café Cantante Mi Habana › S. 68 in Havanna (Eintritt 6–10 CUC).

2 Vogelperspektive Mit der Canopy Zipline, die etwa 1 km lang ist, rauscht man im Tal von Viñales › S. 76 vom El Fortín aus 35 m Höhe zwischen den *mogotes* über die Tabakfelder hinweg (Ctra. a Pons, C2, ca. 5 km östl. von Viñales, tgl. 8–12, 13 bis 17 Uhr, 15–25 CUC/Pers., ab 4 Jahre).

3 Abtauchen Vor der Isla de la Juventud › S. 95 wartet in nur 13 m Tiefe »Mucks Paradies« mit bunten Korallenkolonien und Fischschwärmen auf Erkundung, da wird ein Unterwasserausflug wohl kaum reichen (je nach Anzahl der Tauchgänge: 30 bis 50 CUC, International Scuba Diving Center).

4 Wandern und Baden Von Topes de Collantes › S. 109 geht es etwa 3 km durch den Naturpark El Cubano zu dem Wasserfall Salto Javira. Zu seinen Füßen wartet ein herrlich erfrischendes Bad im smaragdgrünen Naturpool, von dem aus man in eine wunderschöne Tropfsteinhöhle

Die Salsa hält nicht nur als Paar-, sondern auch als Ringtanz fit bis ins hohe Alter

hineinschwimmen kann (Tagestouren ab Trinidad: 35 bis 55 CUC, Cubatur, Maceo 447 esq. Zerquera, Tel. (41) 99 6110, www.cubatur.cu).

5 Einputten bei den Compañeros Ja, selbst der große Revolutionsheld Che Guevara spielte Golf. Wer es ihm gleichtun möchte, kann sich in Varadero > S. 85 entweder auf einem Neun- oder einem 18-Loch-Kurs messen (Green fee ca. 50–100 CUC).

6 Pilgern á lo Cubano Wer sich etwas wünscht und an die Jungfrau der Barmherzigkeit glaubt, kauft ein paar der gelb leuchtenden Sonnenblumen von einem der vielen Straßenhändler und opfert ihr einen Strauß in der hübschen Wallfahrtskirche El Cobre in der Sierra Maestra > S. 143, vielleicht gehen die Wünsche dann in Erfüllung.

7 In die Luft gehen In Varadero > S. 88 besteht die Möglichkeit, bei einem Tandemsprung mit dem Fallschirm aus luftigen Höhen über die Traumstrände zu schweben (Tandemsprung ca. 190 CUC).

8 Bootspartie Im Parque Retiro Josone von Varadero > S. 84 kann man nach dem Schmaus in einem der drei Restaurants bei einer entspannten Tretbootfahrt einige Kalorien wieder loswerden (Tretboot: 3 CUC/Stunde).

9 Auf den Spuren der Taínos Abenteuerlustige Reisende können den Río Toa > S. 147 mit einem traditionellen Kanu aus Palmholz, dem *cayuca*, befahren – genauso wie die Nachfahren der Taíno-Indios aus dem Stamm der Yateras (Tagestour ab Baracoa: ca. 40 CUC, Cubatur (neben der Kathedrale), Baracoa, Tel. (21) 64 5303, www.cubatur.cu).

Dank der Baseballmeister in El Cobre

10 Auf die Trommeln hauen Angesteckt vom Rhythmus der *congas* und *timbales?* Wie wäre es denn dann mit einem Percussionkurs in der Casa del Caribe in Santiago > S. 142. Ein Anruf genügt, und schon kann es losgehen (Lehrer: 10 CUC/Stunde).

11 Grandiose Aussichten Wenn man von Baracoa aus den Tafelberg El Yunque > S. 147 erklimmt, wird man für die Mühen beim Aufstieg mit einem herrlich weiten Panoramablick belohnt – auf die Bucht, in der einst Kolumbus ankerte und von der aus er Kuba betrat (Tagestour ca. 16 CUC, z. B. über Flora y Fauna, Baracoa, Tel. (21) 64 3665).

... PROBIEREN SOLLTEN

12 Salud! Es muss nicht immer Cuba libre sein: Fruchtig-säuerlich kommt der Mojito daher – diesen Nationalcocktail genoss schon Ernest Hemingway. Perfekt mixt ihn die Chanchullero Bar › S. 67 in Havanna.

13 Eine süße Canchánchara In der Bar gleichen Namens mitten in Trinidad › S. 107 süffeln die Gäste vorzugsweise dieses süße Gebräu aus Aguardiente-Rum, Zitronensaft und Honig, das die Befreiungskämpfer *(mambíses)* noch warm tranken.

14 Leckereien in Kokossoße Ein Besuch in Baracoa ist undenkbar ohne die typischen Kokosgerichte der Region: *Camarón a la Santa Barbara* (Garnelen) oder *pescado en leche de coco* (Fisch), z. B. im Restaurant La Casona › S. 146.

15 Lustigmacher Auf der Isla de la Juventud dreht sich alles um Zitrusfrüchte, so natürlich auch der spritzige Cocktail *Piñerito*, Pampelmusenwein und -schnaps *Guachi*, die man in der Casa de los Vinos › S. 95 verkosten kann.

16 Eis schlecken Man bestellt, was gerade verkauft wird – die Mangelwirtschaft bestimmt das Angebot –, und staunt, in welchen (Un-)Mengen die Habaneros die Eiscreme bei Coppelia › S. 63 verspeisen.

17 Ron cubano Wie wäre es nach dem Besichtigungsprogramm mit einem Gläschen Rum pur (Añejo 7 años), stilecht auf der Dachterrasse des Hotels Ordoño › S. 126 in Gibara – Blick über die Dächer des Ortes inklusive.

18 Bodenständig und deftig Zur Hausmannskost in Kuba gehört das

Mit der scharfen »chaveta« wird das Deckblatt einer Zigarre präzise in Form geschnitten

Hackfleischgericht *picadillo habanero* – einfach, schnell, schmackhaft, z. B. im Cafetal Buenavista in Las Terrazas › S. 75

19 Langosta enchilada Langusten in würziger Tomatensoße schmecken nirgends köstlicher als im Ranchón Playa Sirena › S. 96 auf Cayo Largo.

20 Krokodilsteak Diese zarte, ein bisschen an Hähnchenfleisch erinnernde Spezialität der Krokodilzuchtfarm serviert das Restaurant Ranchón › S. 91 im Touristenzentrum La Boca.

… BESTAUNEN SOLLTEN

21 Socialismo o muerte! Sozialismus oder Tod! Pathetische Revolutionsparolen sieht man nach wie vor überall im Land, doch nur am Revolutionsmuseum › S. 60 in Havanna erinnert eine ewige Flamme an die Helden von damals.

22 Que linda! Wie schön! In der Fábrica de Tabacos › S. 76 in Pinar del Río kann man den *torcedoras*, den Zigarrendreherinnen bei der Arbeit über die Schulter und auf die geschickten Finger schauen – manche der Nägel sind nicht nur bunt lackiert, sondern in den kubanischen Nationalfarben oder mit Blümchen geschmückt.

23 Der kleine Feuergott Unter den Exponaten im Museo Arqueológico Chorro de Maíta › S. 125 fällt besonders eine winzige, aus Muscheln geformte Figur auf, die Bayamanaco, den Feuergott der Taínos, darstellt.

Der Tocororo trägt die kubanischen Farben

24 Federpracht Bei einer Wanderung durch die Natur um Las Terrazas › S. 74 lässt sich inmitten von sattem Grün zuweilen ein Blick auf den rot-weiß-blau gefiederten Tocororo, Kubas scheuen Nationalvogel, erhaschen.

25 Humboldts Geschenk Den Salon Blanco im Palacio de los Capitanes Generales › S. 57 schmücken elegante böhmische Kristallgläser, die der deutsche Wissenschaftler und Forschungsreisende Alexander von Humboldt seinen Gastgebern in Havanna mitbrachte.

26 Freiheitskampf in der Kirche Die Iglesia Santísimo Salvador in Bayamo › S. 128 ziert ein außergewöhnlich patriotisches Wandbild, auf dem Luis Desangles die für Kubas Geschichte bedeutende Szene vom 8. November 1868 festhielt – an diesem Tag wurde die kubanische Flagge geweiht und zum ersten Mal gehisst.

27 Alter Herr in Ehren Das Grab des Buena-Vista-Social-Club-Musikers Compay Segundo (1907–2003) auf dem Cementerio Santa Ifigenia › S. 135 in Santiago schmücken eine Gitarre, ein Sombrero und 95 Bronzeblüten, die für sein erreichtes Lebensalter stehen.

28 Safari in Kuba Auf der kleinen Karibikinsel Cayo Saetía › S. 125 staunt man nicht schlecht über die doch überraschend exotische Fauna: Antilopen, Zebras, Strauße und Wasserbüffel.

29 Maurisches Juwel Wundern Sie sich nicht über die drei unterschiedlich verschnörkelten Türme,

Segundo fand die letzte Ruhe in Santiago

die das Dach des Palacio del Valle › S. 104 in Cienfuegos schmücken: Sie symbolisieren Macht, Liebe und Religon.

30 Zeitreise in Varadero Mit dem etwas altersschwachen Birdcage-Aufzug ruckelt man hinauf zur Terrassenbar in der einstigen Milliardärsvilla Mansión Xanadú › S. 85. Doch Abstürze durch übermäßigen Alkoholgenuss sind immer noch wahrscheinlicher.

31 Süße Träume Verwundert fragt man sich, wer wohl früher in dem Bett in Gondelform geschlafen hat, das in der Casa de Diego Velázquez › S. 132 in Santiago neben anderem Mobiliar ausgestellt ist.

32 Steilste Piste Kubas Wer vom Fuß des Pico Turquino › S. 129 zu einer Wanderung durch die Bergwelt der Sierra Maestra aufbrechen möchte, muss vorher erst einmal eine Betonpiste mit bis zu 40 (!) Grad Steigung bewältigen.

... MIT NACH HAUSE NEHMEN SOLLTEN

33 Rhythmische Rasseln Wie die Minze in den Mojito gehört ein Paar *Maracas* nach vielen durchtanzten Nächten und Konzerten bei der Rückreise aus Kuba in den Koffer. In der Casa de la Música › S. 68 findet man mehr oder weniger verzierte, große und kleine, grob und fein gefüllte, leise und laute, tiefer und höher klingende Exemplare.

Die öffentlichen Dominotische werden täglich zu der ein oder anderen Partie genutzt

34 Salsaklänge Die jüngsten Hits von alten Hasen wie Isaac Delgado oder Charanga Habanera, Manolito y Su Trabuco oder den Orishas genauso wie die von Newcomern wie Havana d'Primera und Alain Daniel aus der Discoteca Egrem › S. 138 sorgen auch zu Hause für eine ausgelassene Urlaubsstimmung.

35 Kubanischer Klassiker Für die Kuba-Fernweh-Party zu Hause beschaffe man sich in der Casa del Ron › S. 67 am besten eine Flasche von dem weißen Rum Havana Club (Añejo 3 años) – denn der ist zwar noch nicht die Garantie, aber die Basis dafür, dass Ihnen der Mojito immer perfekt gelingt.

36 Der Duft Kubas Die Arabicabohnen für den Cubita-Kaffee gedeihen in der Sierra Maestra zwischen 400 m und 1200 m Höhe, sie werden nach der Ernte auf der Karibikinsel geröstet, verpackt und z. B. am Flughafen in Havanna › S. 56 verkauft. Bei einer heißen Tasse kubanischen Espressos kann man morgens im kalten Deutschland in Erinnerungen an die warmen Tage auf Kuba schwelgen.

37 Spielerisches Andenken Wen die im gesamten Land weitverbreitete Leidenschaft gepackt hat, findet in den Läden der Kette Caracol › S. 76 Dominospiele in allen Formen und Größen – Vorteil: Die Spielsteine passen noch locker ins Handgepäck.

38 Ein Döschen Goldstaub Der allerallerfeinste Pudersand Kubas (angeblich von Wissenschaftlern nachgewiesen) säumt die Halbinsel Varadero › S. 84 – und zaubert zu Hause wenigstens ein klitzekleines bisschen karibisches Flair auf ihren Badewannenrand.

39 Selfie Ein Selbstporträt vor dem Propellerflieger oder dem Helikopter, der Sie von der Trauminsel Cayo Largo › S. 83 zurückbringt auf die Hauptinsel Kuba, ist bestens geeignet, um die flüchtigen Eindrücke vom Urlaub in den Alltag hinüberzuretten.

... BLEIBEN LASSEN SOLLTEN

40 Militärische Schnappschüsse Im immer noch totalitären kubanischen Staat ist es absolut verboten, Militäreinrichtungen und offizielle Fahrzeugkolonnen zu fotografieren! Anweisungen des Wachpersonals ist unbedingt Folge zu leisten.

41 »Jiniteros« auf den Leim gehen Die Schlepper in Havanna, Trinidad, Santiago oder anderen Touristenzentren sind eine wahre Plage. Am schnellsten wird man sie los, wenn man sie gar nicht beachtet und cool abweist mit: »No moleste por favor!« (das heißt: Keine Belästigung, bitte!).

42 Über Lärm beschweren Es bringt gar nichts, sich über die lautstarke Beschallung mit Salsa oder Reggaeton am Hotelpool zu beschweren, wenn Kubaner am Wochenende in Truppenstärke das

Laute und lustige Straßenparty in Baracoa

Kommando übernehmen. Lieber Oropax einpacken – oder noch ein Glas Rum trinken und dann lustig mittanzen!

43 **Kubanische Schokolade** Die braune harte Masse schmeckt leider weder am Flughafen noch beim Straßenhändler in der Kakaoregion um Baracoa im Entferntesten nach Schokolade.

44 **Liebesschwüre glauben** Vorsicht vor den Liebeserklärungen der Kubanerinnen und Kubaner – vor allem wenn es bereits am ersten Abend heißt: »Willst Du mich heiraten!«

45 **Nächtliche Autofahrten** Unterlassen Sie es, nachts selbst Auto zu fahren: Unbeleuchtete Straßen, Schotter, riesige Schlaglöcher, aber auch Ochsenkarren, Kühe, Ziegen oder angetrunkene Radler und Fußgänger auf der Fahrbahn – alle ohne Licht – erhöhen das Unfallrisiko enorm › S. 26.

46 **Nächtliche Parkgebühren** Sie sollten niemals Parkgebühren von 10 CUC pro Nacht zahlen – das ist die neueste Masche, um Touristen abzuzocken. Angemessen für einen nächtlichen Parkwächter sind hingegen etwa 2 CUC.

47 **Schildkröten stören** Sonnenliegen auf Cayo Largo und Cayo Santa María nie direkt über die Nester der vom Aussterben bedrohten Meeresschildkröten (Tortuga) ziehen und am Abend dort stehen lassen. Die traktorähnlichen Schildkrötenspuren sind im Sand deutlich zu erkennen.

Streng geschützte Meeresschildkröte

48 **Bunte Schneckenhäuser sammeln** Finger weg von den exotisch gelb-orange schimmernden Polymita-Schneckenhäusern, die unter Naturschutz stehen und daher spätestens beim Zoll › S. 154 beschlagnahmt werden!

49 **Über Politik plaudern** Politische Themen sollte man als Urlauber in Kuba nur mit viel Fingerspitzengefühl ansprechen, um die Kubaner nicht in Verlegenheit zu bringen. Wer das Vertrauen der Menschen gewinnt, hört aber auch Klartext.

50 **Leitungswasser trinken** Man sollte kein Leitungswasser, sondern nur sauberes Wasser aus geschlossenen Flaschen trinken, um Cholera und Durchfallerkrankungen zu vermeiden › S. 153.

Die Sandstrände von Guardalavaca sind
nicht immer so menschenleer

REISEPLANUNG & ADRESSEN

DIE REISEREGION IM ÜBERBLICK

Bröckelnde Barockfassaden, magische Santería-Trommeln, Koralleninseln mit Sand so weiß wie Puderzucker, Rumba, Son und Salsa, Sozialismus unter Denkmalschutz – all das garniert mit einer unvergleichlichen Mischung aus Melancholie und Lebensfreude: Das ist Kuba!

An den Playas del Este reihen sich auf 50 km Sandstrände aneinander

Havanna, die Hauptstadt der Zuckerinsel, fasziniert zum einen mit ihrer von Kolonialarchitektur geprägten Altstadt, zum anderen mit »modernen« Vierteln: Herrschaftliche Bürgerhäuser in Vedado und Miramar zeigen schönsten Jugendstil und Art déco. Auf der langgestreckten Uferpromenade Malecón fahren mehr als 50 Jahre alte Ami-Schlitten, und nachts schallt Musik aus jeder Bar. Im Osten, eine halbe Stunde Autofahrt entfernt, liegen die schönen Playas del Este, an denen sich Kubaner und Touristen treffen.

Kubas Westen, die Provinz Pinar del Río, prägen bewaldete Gebirgslandschaften, Tabakfelder und einsame Strände. Unvergesslich ist der Blick ins Tal von Viñales. Auf Cayo Levisa vor der Nordwestküste und in María de la Gorda im äußersten Südwesten genießen Individualisten und Taucher das Strandleben.

Östlich von Havanna ist **Varadero** angesiedelt, Kubas größter und traditionsreichster Ferienort. Hier dominieren große Hotels. Doch nur eine Stunde entfernt liegt **Matanzas,** die schöne Hauptstadt der gleichnamigen Zuckerrohrprovinz und die Wiege afrokubanischer Rhythmen. Naturliebhaber zieht es vor allem in die Sümpfe der Halbinsel Zapata. Hier gibt es ebenfalls Strände, aber auch revolutionäre Highlights wie Playa Girón in der Schweinebucht. Vor der Küste liegen die »Schatzinsel« Isla de la Juventud, von der Taucher schwärmen, und das All-inclusive-Inselchen Cayo Largo.

Schöne Altstädte und Zuckerrohrfelder prägen auch das Bild **Zentralkubas.** Die französisch inspirierte Hafenstadt Cienfuegos und das von Spaniern geprägte Trinidad gehören zum Weltkulturerbe. Santa Clara zelebriert mit seinem monumentalen Mausoleum den Kult um Che Guevara, während die Luxusresorts auf den Inselchen der Cayería del Norte dem Kapitalismus huldigen. Fruchtbares Weideland prägt die Provinz Camagüey, deren lässige Hauptstadt Camagüey ebenfalls zum Weltkulturerbe zählt.

Im Osten Kubas, dem **Oriente,** sind die Menschen rebellischer als anderswo, aber auch besonders lebensfroh. Santiago ist die Musikhauptstadt Kubas, und nicht nur während des Karnevals im Juli tobt hier das Leben. Im Südwesten dieser Region liegt die Sierra Maestra, in der Fidel Castros Guerilleros drei Jahre lang für die Revolution kämpften.

STRANDURLAUB AUF KUBA

Die größte Hotelauswahl findet man am endlosen Strand von **Varadero** › **S. 84** drei Stunden Busfahrt von Havanna entfernt. Hauptstadtnäher liegen die **Playas del Este** › S. 70. Tropischer sind allerdings die Strände von **Guardalavaca** › S. 124.

Auf den **Cayería del Norte** › S. 113 – Cayo Coco und Cayo Guillermo – sowie auf **Cayo Santa María** › S. 111 beschränkt die kubanische Regierung durch Zugangskontrollen den Kontakt der Urlauber mit der Realität. **Cayo Largo** › **S. 95** vor der Südküste erfüllt die Postkartenklischees von blauem Meer, weißem Sand und grünen Palmen, ist aber eher karg, und die Strände sind oft schattenlos.

Wer auf All-inclusive verzichten kann, fühlt sich in **Las Tunas** › **S. 126** oder im Tauchertreff **María La Gorda** › **S. 79** wohl. Palmengesäumte kleine Strände ohne Isolation von der Bevölkerung bietet **Baracoa** › **S. 145** im äußersten Osten Kubas.

KLIMA & REISEZEIT

Kuba liegt in der tropischen Randzone, die von der nordatlantischen Hochdruckzone beeinflusst wird.

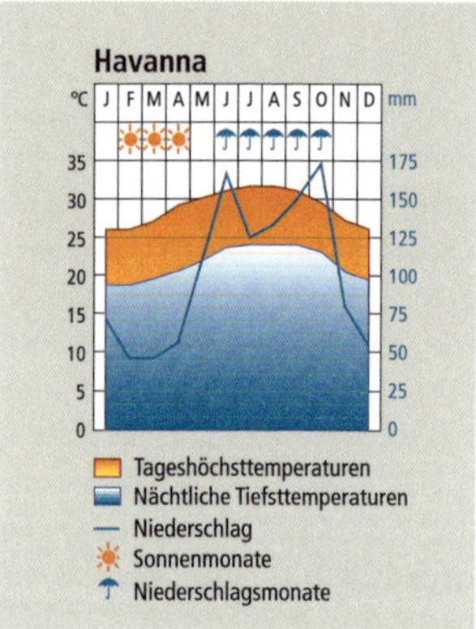

Hier kennt man nur zwei Jahreszeiten: den schwülen Sommer (Mai bis Okt.) mit teils heftigen Regenschauern und den trockenen Winter (Nov.–April). Der kälteste Monat ist der Januar mit 23 °C, und selbst der heißeste Monat Juli mit 30 °C lässt sich im Schatten einer Palme immer noch gut ertragen. Nachts sinken die Temperaturen selten einmal unter 20 °C. Im Osten der Insel, dem Oriente, ist es immer etwas schwüler, heißer und trockener als im Westen.

Die beste Reisezeit liegt zwischen Dezember und März. Von Mai bis November steigen Luftfeuchtigkeit und Niederschläge stark an. Dauerregen ist jedoch nicht zu erwarten. Selten bleibt der Himmel den ganzen Tag über grau. Während der kubanischen Sommerferien (Juli/Aug.) ist es zwar am heißesten, dafür geht es an den Stränden besonders lebhaft zu – leider auch bei den Mückenschwärmen.

HURRIKANE

Jahr für Jahr fegen Hurrikane über die Insel hinweg, kräftige Böen peitschen meterhohe Wellen über die Uferpromenaden und reißen landeinwärts viele Gebäude mit sich. Mal trifft es Havanna, und die Provinz Pinar del Río, mal Santiago, Baracoa und den Osten oder die Isla de la Juventud. Es kommt vor, dass binnen einer Woche gleich zwei heftige Hurrikane über die Insel hinweg ziehen und ganze Landstriche verwüsten, Schneisen durch Kaffee-, Obst- und Zuckerrohrplantagen schlagen. Die Schäden gehen jeweils in die Milliarden. Hurrikane entstehen vor allem von September bis November, wenn sich das Meer auf über 27 °C aufheizt, die Lufttemperatur darunter liegt und bei zunehmender Höhe konstant abnimmt. Dann werden große Gewitterwolken unter Einfluss der Erdrotation zu gigantischen Wirbeln und entladen sich. Zu den Verwüstungen durch Sturm und Regen kommen meist Überschwemmungen. Schutz bietet das auf Kuba bestens entwickelte Frühwarnsystem mit Evakuierungen, auch von Touristen.

ANREISE

Mehrere Linien- und Charterfluggesellschaften bedienen von Deutschland, Österreich und der Schweiz aus Kubas internationale Flughäfen.

Condor (www.condor.de) fliegt ganzjährig von deutschen Flughäfen direkt nach Havanna, Varadero, Holguín, Cayo Coco und Santa Clara, **Lufthansa** (www.lufthansa.com), **Eurowings** (www.eurowings.com) und **Austrian Airlines** (www.austrian.com) fliegen mit Zwischenstopps Havanna und/ oder Varadero an. **Air France** (www.airfrance.com) und **Iberia** (www.iberia.com) bieten Linienflüge über Paris bzw. Madrid, **KLM** (www.klm.com) ab und zu »Schnäppchen« über Amsterdam an.

REISEN IM LAND

Auch wenn die Regierung Urlauber lieber in abgeschiedenen Hotels sieht, dürfen Touristen sich auf ganz Kuba frei bewegen.

Flüge, Taxis und Busse werden mit der Ausländerwährung CUC bezahlt. Sind vor allem Kubaner an Bord, werden Plätze für Touristen freigehalten.

MIT DEM BUS

Individualtouristen stoßen immer wieder auf Transportprobleme. Recht zuverlässig funktioniert der Service der Busgesellschaft **Viazul** (www.viazul.com) mit klimatisierten Bussen. Die Busse von **Viajes Cubanacán/Transtur** (www.cubanacanviajes.cu, www.cubanacan.cu) bringen die Fahrgäste in Begleitung mehrsprachiger Reiseleiter auf sechs touristisch interessanten Routen von Hotel zu Hotel (Reservierung 1–3 Tage vorab in Cubanacán-, Infotur-, Reisebüros oder direkt an den Busbahnhöfen; teurere Minibustransfers über Tropicana Touristik in Berlin, www.tropicana-touristik.de).

MIT DEM MIETWAGEN

Internationale Mietwagenfirmen sind auf Kuba nicht vertreten. **Transtur** bedient den Markt (Tel. (7) 835 0000, http://transturcarrental.com). An den *Cupet-Cimex*-Tankstellen, die gut über die Insel verteilt sind, kann man rund um die Uhr gegen konvertible Pesos (CUC) tanken. Es gilt Alkoholverbot am Steuer, auch für den Beifahrer!

Das Auswärtige Amt empfiehlt, eine Zusatzversicherung in Deutschland abzuschließen, da die kubanische Versicherung (*seguro:* + 10 CUC/Tag) nur eine unzureichende Deckungssumme für Fahrzeug- und Personenschäden bietet. Bis zur Klärung der Schadenssumme dürfen Ausländer oft wochen- bis monatelang nicht ausreisen!

Es fahren zwar nicht sehr viele Autos, aber Vorsicht ist dennoch angebracht: Blinker funktionieren nicht oder werden nicht betätigt. Also gilt es auf Zeichen des Vorausfahrenden zu achten: Zeigt der Arm nach oben, will er links abbiegen! Es ist normal, rechts zu überholen. Es gibt kreuz und quer fahrende Radfahrer, unbeschrankte Bahnübergänge, gefährlich hohe Schienen und badewannengroße Schlaglöcher auf der Autobahn, die dort erlaubte Höchstgeschwindigkeit von 100 km/h ist oft zu schnell (Landstraßen 80 km/h, Ortschaften 50 km/h). Die Mitte der Autobahn ist zudem ein beliebter Treffpunkt. Nachts wärmen sich oft Kühe auf dem Asphalt. › mehr S. 19 Punkt 45

MIT DEM TAXI

Den Fahrpreis sollte man vorher aushandeln. Inzwischen gibt es nur noch **Cubataxi.** Nur Privatwagen mit einer Lizenz dürfen Ausländer mitnehmen. In Havanna sind Bicitaxis (Fahrradrikschas) für kürzere Strecken durchaus zu empfehlen, ebenso die lustigen dreirädrigen staatlichen Cocotaxis.

MIT DEM FLUGZEUG

Dreh- und Angelpunkt des Flugverkehrs ist Havanna. Die staatliche kubanische Fluggesellschaft **Cubana de Aviación** (www.cubana.cu) und ihre Charterlinien **Aerocaribbean** und **Aerogaviota** (www.aerogaviota.com) fliegen in die Provinzhauptstädte und bedienen touristische Ziele wie Baracoa, Cayo Largo, Cayo Coco, Trinidad und Varadero. Die Flüge sind häufig ausgebucht, man sollte also rechtzeitig reservieren.

US-Cabrios aus den 1950er-Jahren fahren in Havanna und Varadero extra für Touristen

KUBANISCHE KARRIEREN

Der direkte Verkauf von Produzent an Verbraucher funktioniert – schwarz – reibungslos

SCHWEIN GEHABT!

Der Schwarzmarkt gehört zu Kuba wie die Minze in den Mojito. Ein Bekannter, nennen wir ihn Pipo, hält Hausschweine, wie fast alle in der Provinz. Die sechs Schweine, darunter eine kapitale, trächtige und daher sehr, sehr wertvolle Sau, haben einen Wert von 700 Euro (20 000 CUP). Das illegale Geschäft ist ertragreich, aber auch riskant. Ein Mal hat Pipo wegen eines Virus seine Schweine verloren, mehr als 2000 Euro waren futsch.

Pipos Schuppen im Patio ist fast ein moderner Stall, aus Beton, picobello sauber und draußen mit Orchideen dekoriert. Pipo hat Industriedesigner gelernt, ist aber seit Jahren ohne feste Anstellung. Der 50-Jährige, ein geborener Unternehmer, redet nicht viel, er handelt lieber. Pipo tanzt auf vielen Hochzeiten, mal ganz offiziell als Goldeinkäufer, mal als Lehrer oder als Pflanzer. Er investiert, verliert, investiert, experimentiert – und macht seine Gewinne (meist ohne Lizenz und steuerfrei).

Jedes Jahr hat Pipo eine neue Idee, vor einigen Jahren war es die Herstellung von Limonaden mit Zitronenaroma oder Colageschmack. Mir schmeckte sie sogar besser als die staatliche Tu-Kola. Früher hatte er eine richtige kleine Limonadenfabrik, versteckt auf dem Land. Bis zu 2000 Flaschen produzierten sie hier an einem Tag. Dann flog alles auf und die Polizei konfiszierte die archaische Maschine und die Sauerstoffflaschen. Pipo hatte gute Kontakte und deshalb Glück im Unglück. Trotzdem hat seine Frau Tania seitdem immer Angst, wenn es an der Tür klopft. »Mein Gott, wenn das wieder passiert, nehmen die uns alles weg, die koreanische Waschmaschine, die Kühltruhe, Videogerät und Fernseher, Hi-Fi, die Klimaanlage, alles.«

Die Limonaden-Razzia kostete Pipo viele Kunden. Jetzt muss alles eine Nummer kleiner zu Hause im Patio laufen. Die Nachbarschaft weiß Bescheid, ebenso der Polizist aus dem Viertel – der bekommt seinen Anteil. Die Kunden kommen wie zufällig zum Schwatzen vorbei: »Hey, sag mal, gibt's heute was?« Natürlich lagern in der monströsen Tiefkühltruhe in Pipos Dreizimmerwohnung auch ganze gefrorene Hühner vom kleinen Bauernhof des Opas. Und neuerdings macht Pipo auch in Sirup und Wassereis.

DIE SALSA-IKONE

Der Tanzraum des Kulturzentrums hat pechschwarze Wände und keine Fenster, nur eine Neonröhre und die unvermeidliche Silberkugel an der Decke. »Un, dos, tres!« Der Befehlston der Tanzlehrerin ist unüberhörbar, ebenso das Gemurmel der mitzählenden Schüler. Fortgeschrittene bewegen sich in kreisenden Figuren und Schrittfolgen zur Musik. Ich stampfe auf der Stelle. Un, dos, tres, einmal vor und einmal zurück.

Caridad Rodríguez Riverón war meine erste Salsalehrerin in Havanna. Jeder Kubaner um die 50 kennt sie unter ihrem Künstlernamen Caruca. Sie ist ein Energiebündel voller Lebenskraft – kein Wunder, sie tanzt seit mehr als einem halben Jahrhundert: Mit fünf Jahren begann sie ihre Karriere, die sie ins Fernsehballett, ins Tropicana und rund um den Globus führte. Aber viel wichtiger ist der Tänzerin ein Leben lang gewesen, die populäre kubanische Musik und die Tänze im eigenen Land »zu verteidigen«, wie sie sagt, »den kubanischen Kids diesen Teil ihrer Identität beizubringen, die cubanidad«.

Caruca hatte mit ihrem Ehemann und Tanzpartner sogar eine eigene TV-Sendung: »Para Bailar«. Caruca und Rosendo galten in den 1980er-Jahren als populärstes Tanzpaar Kubas. Ihre Augen blitzen vor Begeisterung und Stolz daüber, ihren »kleinen Teil zur kubanischen Kultur beigetragen zu haben«. Dafür wurde sie mit Preisen überschüttet, und ein Dokumentarfilm »Caruca – La vida es baile, Das Leben ist Tanz« (2010) ehrte sie als eine der berühmtesten Frauen in Lateinamerika. Noch immer arbeitet die mittlerweile über 70-jährige Rentnerin als private Choreografin und erkennt sofort, dass ich den Rhythmus noch nicht im Ohr habe. Aber sie tröstet und räumt mit einem der hartnäckigsten Klischees über die Kubaner auf: »Auch hierzulande gibt es den *galán de pared*, der immer nur lässig an der Wand lehnt, oder den *patón*, der linken und rechten Fuß nicht auseinanderhalten kann«.

TANZKURSE

Tanzkurse in dem von Caruca gegründeten Studio Danza y Movimiento in Havanna kann man über einen Hamburger Anbieter buchen:

- **Danza y Movimiento**
  Tel. 040/34 03 28 | www.dym-travel.com

SPORT & AKTIVITÄTEN

Die Insel ist ein Traum für Wanderer und Wassersportler, aber Rafting, Climbing oder Canyoning stecken noch in den Kinderschuhen.

TAUCHEN UND SCHNORCHELN

Kubas Korallenriffe, die zu den größten der Welt zählen, sind wahre Tauchparadiese. Der Korallenwuchs erstreckt sich bis in 40 m Tiefe. Rund um die Insel gibt es markierte Tauchzonen. Die schönsten Reviere sind die von Isla de la Juventud, Cayo Largo, María La Gorda und der Cayería del Norte. Die Korallenriffe stehen unter Naturschutz. Es ist streng verboten, mit Harpunen und Speeren auf Jagd zu gehen, Korallen abzubrechen und Muscheln o. Ä. aus dem Wasser zu holen. Mancherorts, z. B. bei Cayo Levisa, führen archäologische Tauchgänge zu gesunkenen Schiffen. Die einzelnen Tauchzentren gehören zur *CMAS (Confédération Mondiale de l'Activité Subaquatique)*; die Gruppen werden fachkundig betreut.

Tauchschulen findet man in fast allen größeren Hotels an der Küste. Sichere Ausrüstungen, Geräte und Bleigewichte sind vorhanden, teilweise aber nur in begrenzter Zahl. Für Flossen, Taucherbrille etc. sollte man besser selbst sorgen. Für Anfänger gibt es Schnupperkurse. Fortgeschrittene müssen eine Tauglichkeitsbescheinigung (nicht älter als ein Jahr), ein Logbuch und ein Brevet vorlegen. Ein Tauchgang kostet vor Ort ab 30 CUC, ein 10er-Paket 200–300 CUC (Infos Tel. (09131) 970 6771, www.cuba-diving.de und www.cuba4travel.com). Ein zuver-

Taucher müssen Abstand halten, denn das seltene Kubakrokodil gilt als sehr aggressiv

lässiger Organisator von Tauchreisen nach Kuba ist auch **Nautilus**, Tel. (08143) 9310-0, www.nautilus-tauchreisen.de.

SEGELN UND SURFEN

Beständige Passatwinde sorgen für ideale Bedingungen. Segel- und Surfstationen, die Boote oder Bretter verleihen, bieten alle großen Luxushotels sowie die Marinas.

WELLNESS

Westliche Ansprüche erfüllen nur wenige Luxushotels, wie das **Memories Holguín Beach Resort** (Ctra. Guardalavaca, Playa Yuraguanal, Tel. (24) 43 3540, www.memoriesresorts.com). Sonst sind die Wellnessanlagen eher sozialistisch-real, aber günstig. Mit sulfithaltigen Bädern und Fangopackungen werden Hautkrankheiten und Rheuma behandelt. Angeboten werden auch Anti-Stress-Programme und Entzugstherapien. Bekannt sind die Kurhotels in **Topes de Collantes** mit Pool, Sauna, Dampfbad, Massagen, Akupunktur, Hydrotherapie und Heilkräuteranwendungen (Tel. (42) 54 01 17, www.gaviota-grupo.com).

GOLF

Club de Golf de la Habana E1

Anlage mit 9 Löchern.

- Ctra. de Vento, km 8 | Reparto Capdevila Ave. Rancho Boyeros | Havanna Tel. (7) 33 8820

Varadero Golf Club G1

18-Loch-Platz.

- Ctra. Las Américas | Varadero Tel. (45) 66 7788 www.varaderogolfclub.com

REITEN

Am besten reitet man in den kühlen Morgenstunden. Pferde können in den Hotels der Touristenzentren gebucht werden, sind aber leider oft in bedauernswertem Zustand.

UNTERKUNFT

In Kuba kann jeder sein Traumhotel finden – mit etwas Glück und Onlinerecherche –, allerdings sind viele Hotels schon etwas in die Jahre gekommen und dementsprechend renovierungsbedürftig.

Für alle Sparten der Tourismusindustrie gibt es eigene Unternehmen, die den Betrieb zentralistisch verwalten. Für die besten Häuser ist die Gruppe *Gran Caribe* zuständig, für die Mittelklasse *Cubanacán* und *Gaviota* – letztere mit teils abgelegenen Naturunterkünften – für einfache Hotels *Islazul*. In Havanna verwandelt *Habaguanex* Altbauten aus Kolonialzeiten in feine Hotels mit viel historischem Flair. Kubas Hotelsterne entsprechen nicht den europäischen. Bis auf wenige hochpreisige Ausnahmen gibt es keine echten Luxushotels, wer Wert auf ein Mindestmaß an Service (ohne Trinkgeldzwang) und Komfort legt, sollte auf jeden Fall die oberste 5-Sterne-Kategorie buchen. Die Gästekarte, *tarjeta de huesped,* sowie (bei All-inclusive-Reisen) ein Plastikarmband regeln den Zugang zum Hotel.

HOTELS

Zunehmend eröffnen internationale Luxushotelketten, wie 2017 das Kempinski in Havanna. Luxushotels verfügen über Restaurants, Bars, Souvenirladen, Mietwagenstation, Reisebüro, auch über Pool, Sportcenter und Notfallstation. Ratsam ist es, Klimaanlage, Dusche, Toilettenspülung sowie Fenster und Terrassentüren im Zimmer zu überprüfen. Fernab der Touristenzentren sollte man nicht viel erwarten. Aber die Menschen sind meist bemüht, die Wünsche ihrer Gäste zu erfüllen, d.h. abseits der Pauschalpfade benötigt man viel Geduld und Humor.

VILLAS, CAMPING UND PRIVATZIMMER

Villas oder *cabañas* sind ordentliche Bungalows in Feriensiedlungen, in denen Gäste die Einrichtungen der Hotels mitnutzen können. Als *campismo* bezeichnet man Anlagen mit spartanischen Bungalows, offiziell oft Kubanern vorbehalten. Gehobenen Standard für Ausländer bieten z.B. Aguas Claras bei Pinar del Río und Guajimico bei Trinidad (www.campismopopular.cu). Campingplätze sind selten (z.B. Las Terrazas), wildes Campen verboten. Das Angebot an Privatzimmern ist groß. > S. 32

DIE SCHÖNSTEN HOTELS

- Das **Beltrán de la Cruz,** ein feines Boutiquehotel in der Altstadt von Havanna, glänzt mit besonders hübschen Zimmern in der Nähe der Plaza Vieja. > S. 65
- Das **Los Jazmines** ist ein ansehnliches rosa Hotel im Kolonialstil mit dem schönsten Ausblick auf das Viñales-Tal. > S. 76
- Du Ponts Millionärsvilla am Strand von Varadero bietet heute als **Mansión Xanadú** sechs etwas veraltete Zimmer, prächtige Bäder und Traumaussicht. > S. 85
- Das **Palacio Azul** in Cienfuegos ist ein azurblauer Palast von 1921 mit nur sieben Zimmern und herrlichem Ausblick von der Dachkuppel. > S. 103
- In Trinidad sind viele komfortable Privatunterkünfte wie die **Casa Colonial Muñoz** in großzügigen Altbauten der Kolonialzeit untergebracht und mit Antiquitäten eingerichtet. > S. 107
- Klein, aber fein lautet die Devise im **Hotel de Rijo** von 1827, das allein den Aufenthalt in Sancti Spíritus lohnt. > S. 110
- Die Grandezza eines historischen Grandhotels strahlt das **Casa Granda** im Herzen Santiagos aus – außerdem punktet es mit einer herrlichen Dachterrasse. > S. 137
- Ideal für Romantiker ist das Hotel **Villa Maguana** an der goldgelben, palmengesäumten Playa Maguana bei Baracoa. > S. 147

KUBA PRIVAT

Manche Touristen suchten nach Alternativen zu den oft im sozialistischen Schlendrian verharrenden Hotels und stellten fest, dass Privatzimmer nicht nur halb so teuer waren, sondern auch viel mehr Herzlichkeit und Komfort boten.

Im Jahr 1993 legalisierte der Staat, was nicht mehr zu verhindern war – und verdient seitdem kräftig mit: Bis zu 300 CUC Pauschalsteuer müssen die Vermieter jeden Monat abführen, ohne jegliche staatliche Gegenleistung. Dafür dürfen sie ein hellblaues Schild mit der Aufschrift **Arrendador Inscripto** an der Haustür anbringen. Ein Hinweisschild auf der Straße kostet nochmal zusätzlich 45 CUC. Gewinn ist da nicht mehr viel zu machen. Die meisten Vermieter verdienen sich deswegen einige harte Pesos extra durch Zusatzleistungen wie Frühstück und Abendessen, die sie laut Gesetz ohne Sondergenehmigung gar nicht anbieten dürften.

Manche Casa ist auch wieder in die Illegalität zurückgegangen. Dort zu wohnen ist zwar für Touristen nicht strafbar, allerdings besteht das Risiko, um drei Uhr morgens von einer Polizeikontrolle überrascht und umgehend in ein teures Hotel verfrachtet zu werden. Nächtliche Kontrollen sind gerade in der Provinz nicht selten.

Privatunterkünfte wie diese in Havanna gewähren Einlass ins Wohnzimmer der Vermieter

Einen legalen Vermieter erkennt man daran, dass der Besitzer gewissenhaft die Passdaten aller Gäste in einem gelben Heft notiert und eine Quittung ausstellt.

KUBANISCHE GASTLICHKEIT

Legale Casas achten sehr auf Sicherheit, oft haben sie schwere Eisengittertüren, und stets ist jemand im Haus. Es gibt kaum eine bessere Gelegenheit, in kubanisches Leben einzutauchen: Die Matratzen sind vielleicht nicht immer die besten, die Dusche tröpfelt gelegentlich nur lauwarm, doch die meisten Vermieter kompensieren das mit geradezu überwältigender Gastfreundschaft, und es gibt fast nichts, was sie nicht für ihre Gäste organisieren können: vom Chauffeur bis zum privaten Sprach- und Salsakurs.

In Havanna (Vedado und Miramar) kostet eine gute Casa wegen der hohen Steuern ungefähr 25 bis 50 CUC, häufig aber auch mehr, in der Provinz hingegen etwa 25 CUC. Seit 2011 sind auch in Varadero in der Provinz Matanzas und in Guardalavaca im Oriente Privatunterkünfte zugelassen. Kaum waren die Lizenzen vergeben, eröffneten die Bewohner der Badeorte ihre Casas, und manch eine von ihnen liegt in Varadero nicht mal 50 m vom Strand entfernt.

BUCHUNG

Buchungen über Websites, die in den meisten Fällen von Exilkubanern mit Verwandten auf Kuba betrieben werden, sind leider nicht allzu verlässlich. Außerdem erfährt man die Adresse oft erst nach der Buchung. Kommentierte Adressen verzeichnet die englischsprachige Website www.casaparticular.com. Gut funktioniert das Buchungsportal www.mycasaparticular.com, das über 800 Privatunterkünfte vermittelt – versehen mit den Bewertungen von anderen Kubareisenden.

Außerdem bekommt man überall im Land Tipps, und man wird gern von Casa zu Casa weiterempfohlen. Aber Vorsicht: Wer sich von einem Schlepper *(jinetero)* zu einer Adresse bringen lässt, zahlt dessen Kommission von 5 CUC zusätzlich, und zwar täglich!

ZWEI ADRESSEN

- **Jorge Coalla Potts € E1**
  Ein sehr komfortables helles Zimmer mit einem privaten, schön gefliesten Bad, heißem Wasser sowie Telefon und Kühlschrank. Der reizende Salon ist mit Schaukelstühlen, TV, Video eingerichtet. Dazu kommt die erstklassige Lage. Zudem verfügt der großzügige Vermieter über viele Kontakte.
  Calle 14 N°456
  Apto 11, entre 21 y 23
  Vedado | La Habana
  Tel. (7) 832 9032
  www.havanaroomrental.com
- **Casa Colonial Muñoz € H3**
  Die allerschönste Casa in Trinidad überzeugt mit historischem Ambiente, dem erlesenen Mobiliar und einem fantastischen Blick über die Altstadt von der Dachterrasse aus.
  José Martí 401 e/ Fidel Claro
  y Santiago Escobar
  Trinidad | Tel. (41) 99 3673
  www.casa.trinidadphoto.com

Bauer mit einem Karren voller Gemüse auf dem Markt von Viñales

LAND & LEUTE

STECKBRIEF

- **Einwohner:** 11,3 Mio; Großraum Havanna 2,3 Mio
- **Fläche:** 110 860 km²
- **Hauptstadt:** Havanna
- **Amtssprache:** Spanisch
- **Staatsform:** Sozialistische Republik
- **Nationalfeiertag:** 1. Januar (Sieg der Revolution 1959)
- **Landesvorwahl:** 0053
- **Währung:** Pesos nacionales (CUP). Für Touristen maßgeblich sind Pesos convertibles (CUC).

- **Zeitzone:** MEZ – 6 (Sommerzeit in Kuba Mitte März–Anf. Nov.)

LAGE UND LANDSCHAFT

Die größte Antilleninsel erstreckt sich vom westlichsten Punkt Cabo San Antonio bis zur Punta Maisí im Südosten über 1250 km, an ihrer schmalsten Stelle misst sie 31 km, an der breitesten 191 km. Die höchste Bergkette, die Sierra Maestra, erreicht am Pico Turquino 1972 m. Zwischen den Bergketten liegen weiträumige Landschaften, die sich allenfalls zu sanften Hügeln aufwölben. In den Ebenen wird intensiv Zuckerrohr angebaut.

Zum kubanischen Archipel gehören auch die 3061 km² große Isla de la Juventud und über 4000 meist unbewohnte Eilande und Cayos aus Korallenkalk.

Mangrovenwälder bedecken weite Strecken der Südküste, besonders der sumpfigen Zapata-Halbinsel. Weiße, feine Strände findet man dagegen vor allem an der Nordküste.

NATUR UND UMWELT

Ein Großteil der Wälder aus Pinien, Eichen und Tropenhölzern in Kuba fiel der extensiven Plantagenwirtschaft zum Opfer. Tabak, Ananas und Maniok bauten bereits die Taínos an. Kaffee, Bananen und Zuckerrohr kamen mit den spanischen Siedlern. Dicht bewaldetes Gebiet hat sich nur in den Bergen erhalten.

Im Landesinneren prägen Palmen das Bild. Rund 30 Arten gedeihen hier. Die Königspalme *(Palma real)*, die bis zu 40 m hoch wird, ist Kubas Nationalbaum. Aus der duftenden weißen Nationalblume *Mariposa* (Schmetterlingsblume) wird das gleichnamige Parfüm hergestellt. Zum Nationalvogel wurde der Tocororo gekürt, der ein Federkleid in den Farben der kubanischen Flagge trägt. Häufig sieht man Truthahngeier, weiße Kuhreiher und Pelikane. Vom Aussterben bedroht sind die Kubakrokodile auf der Halbinsel Zapata und der Isla de la Juventud, sowie das dachsähnliche Säugetier Almiquí. Unter Wasser herrscht reiches Leben: Korallen, Muscheln, Schnecken, Algen und rund 900 verschiedene Fischarten.

STAAT UND POLITIK

Die 1965 gegründete Kommunistische Partei Kubas, *Partido Communista de Cuba* (PCC), ist Staatspartei. An der Spitze der Sozialistischen Republik stand 1959–2000 Fidel Castro Ruz (1926–2016), dem sein Bruder Raúl (*1931) als Staats- und Regierungschef, Oberbefehlshaber der Streitkräfte und PCC-Generalsekretär nachfolgte. 2018 wurde er aus Altergründen als Staatspräsident und Regierungschef vom langjährigen Parteikader Miguel Díaz-Canel (*1960) abgelöst. Macht besitzen auch die 589-köpfige Nationalversammlung und der Staats- und Ministerrat.

Jedem Häuserblock ist ein *Comité de Defensa de la Revolución* (CDR) zugeordnet. Neben sozialen Aufgaben dient der CDR auch der Überwachung der Bevölkerung. Immer wieder werden Regimekritiker zu langen Haftstrafen verurteilt.

WIRTSCHAFT

Die Zuckerwirtschaft ist inzwischen unrentabel. Mit der Legalisierung des US-Dollars (2004 vom konvertiblen Peso abgelöst), der Duldung privater Unternehmer und der Öffnung für Joint Ventures mit ausländischen Investoren stabilisierte sich Kubas Wirtschaft nach schwerer Krise. Der ALBA genannten Föderation mit Venezuela, von dessen Öl Kuba abhängig ist, schlossen sich weitere Staaten in Lateinamerika und der Karibik an. Im Zug von Reformen fordert die Regierung, dass mehr Kubaner als *cuentapropistas* auf eigene Rechnung arbeiten. Es bleibt abzuwarten, wie der Schritt in die Privatwirtschaft gelingt.

Wichtige Wachstumsbranchen sind Biotechnologie und Pharmazeutik, zudem setzt das Land auf Tourismus und moderne Dienstleistungen. Immer mehr Hotels eröffnen. Koralleninseln werden erschlossen, auf denen Devisenbringer unbehelligt von kubanischer Realität Urlaub machen sollen. Rund 4,25 Mio. Touristen kamen 2017 nach Kuba. Doch ein Großteil der Einnahmen geht für den Import kostspieliger Konsumgüter eigens für die Urlauber wieder drauf. Die vermutlich größte Einnahmequelle sind die Überweisungen der Exilkubaner aus Miami.

Zuckerrohrernte im Westen von Kuba

GESCHICHTE IM ÜBERBLICK

Ab 2000 v. Chr. Besiedlung Kubas durch die Taínos von Venezuela aus.
1492 Am 28. Oktober erreicht Christoph Kolumbus Kuba.
1512 Der spanische Konquistador Diego Velázquez erobert die Insel. Ausbeutung der indigenen Bevölkerung, die zur Ausrottung führt.
1522 Erste Sklavenschiffe laufen ein. Viele Spanier wandern ab, weil sie auf der Insel kein Gold finden.
1561 Spanien erklärt Havanna zum Sammelpunkt seiner Silberflotte. Ständige Überfälle von Piraten.
1607 Havanna wird Hauptstadt der spanischen Kolonie Kuba.
Um 1780 Beginn des Sklavenhandels im großen Stil.
Um 1800 Rund 30 000 französische Pflanzer fliehen vor dem Sklavenaufstand auf Haiti nach Kuba, das weltgrößter Zuckerexporteur wird.
1868–1878 Im ersten Unabhängigkeitskrieg unterliegen die Kubaner unter Carlos M. de Céspedes der spanischen Kolonialmacht.
1880 Offizielle Abschaffung der Sklaverei. Sklaven bleiben ihren Herren jedoch bis 1886 unterstellt.
1895–1898 Im zweiten Unabhängigkeitskrieg scheitert der Poet José Martí. Er fällt 1895 im Oriente (bei Bayamo) im Kampf.
1898 Die USA greifen in den Kolonialkrieg ein. Spanien tritt die Insel an die USA ab.
1901 Die neue Verfassung sieht den Abzug der US-Truppen vor, gesteht den USA aber im »Platt Amendment« ein uneingeschränktes Interventionsrecht und den Flottenstützpunkt Guantánamo zu.
1902 Kuba wird Republik, bleibt jedoch unter US-Kontrolle.
1925 General Gerardo Machado wird Präsident, Kuba zur Diktatur.
1933 Sergeant Fulgencio Batista y Zaldívar putscht und besetzt 1940 bis 1944 den Präsidentenstuhl.
1952 Als die Wiederwahl des gegenüber Batista loyalen Präsidenten Carlos Prío Socarrás gefährdet ist, errichtet Batista eine Diktatur.
1953 Der Sturm auf die Moncada-Kaserne unter Castro scheitert. Nach zwei Jahren Haft geht er ins Exil nach Mexiko.
1956 Castro und Che Guevara kehren mit der Jacht *Granma* aus Mexiko zurück nach Kuba und beginnen den Guerillakrieg.
1959 Sieg der Revolution, Machtübernahme Castros, Flucht Batistas nach Portugal. Exodus reicher und gebildeter Kubaner bis Mitte der 1960er-Jahre.
1960 Entschädigungslose Verstaatlichung von US-Unternehmen auf Kuba; die USA antworten mit Handelsbeschränkungen.
1961 Der Invasionsversuch von Exilkubanern mit Hilfe der CIA in der Schweinebucht scheitert. Im Dezember wird Kuba zur Sozialistischen Republik erklärt.
1962 Totales Wirtschaftsembargo der USA. »Kuba-Krise«: Im September droht ein dritter Weltkrieg, bis die UdSSR auf die Stationierung von Raketen auf Kuba verzichtet.

1968 Die klassenlose Gesellschaft wird zum Staatsziel erklärt, alle kleinen Privatbetriebe verstaatlicht.
1976 Kuba tritt dem RGW bei und bindet sich wirtschaftlich noch stärker an den Ostblock.
1980 Unruhen in der Bevölkerung. Nach Besetzung der Botschaft Perus in Havanna verlassen 100 000 Kubaner *(marielitos)* das Land.
1993 Legalisierung des US-Dollars und Wirtschaftsreformen.
1994 Schwere Wirtschaftskrise *(periodo especial)*. Nach befristeter Straffreiheit bei illegaler Ausreise flüchten über 30 000 *balseros* (Flößer) mit Holzbooten in die USA.
1996 Wirtschaftsblockade der USA gegen Kuba (»Helms-Burton-Act«).
1998 Besuch von Papst Johannes Paul II. auf Kuba.
2001/02 Die USA internieren in Guantánamo mutmaßliche Taliban und Al-Qaida-Mitglieder.
2003 Repressionswelle gegenüber Regimegegnern führt zu vorübergehender politischer Eiszeit zwischen Kuba und der EU.
2004 Präsident Bush verschärft das US-Handelsembargo gegen Kuba. Energiekrise. Kooperation mit China. Der konvertible Peso (CUC) ersetzt den US-Dollar.
2005 Kuba und Venezuela gründen die Wirtschaftsgemeinschaft ALBA.
2006 Nach Erkrankung Fidel Castros übernimmt sein Bruder Raúl die Amtsgeschäfte.
2008 Raúl Castro wird Staats- und Parteichef. Kubaner dürfen fortan in Touristenhotels übernachten, Handys und Computer besitzen.

Persönlich gab es auch 2016 kein Treffen

2011 Der Verkauf von Privatwohnungen und -autos (ab Bj. 59) wird erlaubt. Wegen des drohenden Staatsbankrotts bauen die Staatsbetriebe 1,3 Mio. Stellen bis 2015 ab.
2013 Die Reisefreiheit tritt in Kraft – Ingenieure und Ärzte ausgenommen–, aber nur wenige Länder lassen Kubaner ohne Visum einreisen.
2015 Auf dem Amerikagipfel in Panama treffen sich US-Präsident Barack Obama und Raúl Castro.
2016 US-Präsident Obama besucht Kuba. US-Touristikunternehmen dürfen auf Kuba tätig werden, direkte Linienflüge von den USA nach Kuba. Am 25. November stirbt Fidel Castro mit 90 Jahren. Die 9-tägige Staatstrauer endet mit der Urnenbeisetzung in Santiago de Cuba.
2018 Miguel Díaz-Canel löst im April Raúl Castro als Präsident und Regierungschef ab.

DIE MENSCHEN

Von knapp 11,3 Mio. Kubanern lebt gut ein Fünftel in Havanna. Und einfach haben sie es auch nach über 20 Jahren »Sonderperiode« nicht.

Luchar und *resolver,* zu kämpfen und sich irgendwie durchzuwursteln, heißt es in Zeiten wirtschaftlicher Engpässe, den Alltagswidrigkeiten zu trotzen, ohne das Leben mit seinen Schönheiten zu vergessen. Das ginge nicht ohne die gewisse »Gabe«, manches karibisch-lockerer (hin) zu nehmen. Im April 2016 senkte die Regierung erstmals die Lebensmittelpreise für nationale Produkte wie Hühnerfleisch, Reis und Speiseöl um etwa 25% (1–2 CUC). Doch ein solcher »Anreiz« hilft den meisten Kubanern bei einem offiziellen 25-CUC-Monatslohn kaum: So lange diese staatlichen Löhne nicht deutlich angehoben werden, wird sich Arbeit in Kuba weiterhin nicht lohnen und der Ausreisedrang anhalten.

BILDUNG UND GESUNDHEITSWESEN

Die Alphabetisierungskampagne 1961 war der erste große Erfolg des sozialistischen Kuba. Ganztagsschulen sorgen dafür, dass Mütter ungehindert ihrem Beruf nachgehen können. Körperlich und geistig behinderte Kinder

Die neunjährige Schulpflicht endet mit dem Besuch der Oberschule

werden – wenigstens in den Großstädten – von ausgebildeten Fachkräften betreut. Kuba ist führend in der Entwicklung alternativer Heilmethoden. Fast nirgendwo in Amerika ist die Kindersterblichkeit niedriger, die mittlere Lebenserwartung höher als auf Kuba.

Kuba »exportiert« Ärzte, Agrarwissenschaftler, Ingenieure und Techniker in lateinamerikanische und afrikanische Länder. Wichtige Berufsgruppen sind daher von der Reisefreiheit ausgenommen. Im Gegenzug für die »Entwicklungshilfe« mit Lehrern oder Ärzten erhält Kuba von Venezuela verbilligte Öllieferungen. Seit der Krise in Venezuela gibt es einen ähnlichen Deal mit Algerien. Und China hilft mit Ölförderung vor Kubas Nordküste.

ETHNISCHE GRUPPEN

Rund 300 000 Taínos und Siboneys lebten zu Zeiten von Christoph Kolumbis friedlich auf der Karibikinsel. Sie wurden von den Spaniern versklavt und innerhalb von 50 Jahren nahezu ausgerottet.

So richtig in Schwung kam die Einwanderung in die Kolonie erst im 18. Jh., als mit der Unabhängigkeit der USA ein gewaltiger Zuckerboom einsetzte. Im Osten Kubas ließen sich nach 1791 rund 30 000 französische Pflanzer nieder. Mit der Anzahl der Plantagen stieg auch der Bedarf an Sklaven. Auf den kubanischen Märkten wurden rund 1 Mio. Afrikaner von den Küsten Senegals und Guineas, vor allem Yorubas, Congos und Carabalís, verkauft. Nach dem Verbot des Sklavenhandels um 1850 nahmen die Großgrundbesitzer auf Kuba 125 000 chinesische Kulis unter Vertrag.

Die meisten Kubaner haben europäische, oft spanische, viele westafrikanische, manche chinesische Vorfahren. Das Land wird jedenfalls von Menschen unterschiedlichster Herkunft und Hautfarbe geprägt.

EXILKUBANER

Bereits während der Unabhängigkeitskämpfe (1868–98) gegen Spanien verließen viele Kubaner das Land. Auf die Revolutionäre, die vor den Dikatatoren flohen, folgten nach der Revolution 1959 die Gegner von Castro & Co., die in den USA eine starke Lobby gegen das kubanische Regime bildeten. Mit den Flüchtlingswellen von 1980 und 1994 stieg die Zahl der Exilkubaner auf über 1 Mio.: Die Hälfte davon sind inzwischen US-Bürger. Ein Großteil lebt im US-amerikanischen Bundesstaat Florida, vor allem in und um Miami. Laut einer Umfrage treten 40 % der Exilkubaner für einen Dialog mit Kuba ein, nicht wenige machen längst Geschäfte mit ihrer Heimat.

Wut, Frustration, Trauer und wenig Hoffnung prägten lange Zeit die Beziehung zwischen Miami und Havanna. Seit dem historischen Handschlag zwischen Obama und Raul Castro auf dem Amerikagipfel 2015 in Panama und dem Besuch des US-Präsidenten in Kuba 2016 stehen die Zeichen auf Annäherung und Normalisierung. Aber: Unter Donald Trump haben sich die Beziehungen wieder etwas abgekühlt.

RELIGION

Der klassische Katholizismus war auf Kuba eher eine Sache der städtischen Mittel- und Oberschicht, die nach 1959 in Scharen das Land verließ.

Viele der armen *campesinos*, ob weiß oder schwarz, fühlten sich bei den synkretistischen Kulten der Naturreligionen, die auf überlieferten und geheim gehaltenen Mythen beruhen, besser aufgehoben.

Heute besteht ein weitgehend friedliches Nebeneinander von Kirche und Staat. Als Sammelbecken und Forum für Dissidenten bleibt die Kirche aber den Hardlinern des Politbüros ein Dorn im Auge. Dabei ist sie heute in erster Linie eine wichtige soziale Institution. Den Besuch von Papst Johannes Paul II. 1998 nutzten beide Seiten für ihre Zwecke: Castro freute sich

HEILIGE GEISTER

In der Glasnische im ersten Stock der Wallfahrtskirche El Cobre in der Sierra Maestra thront über dem Altar die zierliche Figur der *Virgen de la Caridad* (Jungfrau der Barmherzigkeit) im prachtvollen goldenen Kleid. Nur Eingeweihte ahnen, dass die hier Betenden womöglich nicht die katholische Madonna verehren, sondern die afrikanische Liebesgöttin *Oshún,* die Göttin der Blumen und Flüsse, der Koketterie und Lebenslust, eine Hauptgöttin im Santería-Kult. Außer Oshún gibt es in der afrokubanischen Götterwelt noch mindestens 20 weitere religiöse Zwitter. Da ist zum Beispiel Oshúns Gemahl *Shangó,* der Gott der Manneskraft und des Krieges und sein katholisches Pendant die hl. Barbara. *Eleguá* als Double des hl. Antonius herrscht über das Schicksal, indem er die Wege zum Glück öffnet oder schließt.

Die afrikanischen Götter, die *orishas,* kamen mit den Sklaven. Trotz Zwangstaufe praktizierten die Afrikaner ihren Glauben heimlich weiter. Allmählich vermischten sich unter dem Mantel des Katholizismus Heilige und Geister. Es entstand eine synkretistische Glaubenswelt, die Santería.

Als Vermittler zwischen Geisterwelt und Menschen fungiert der *santero,* der Priester, zugleich Zeremonienmeister und Zukunftsdeuter. Er tanzt er zum Klang der Trommeln, um die Dämonen zur Erde zu holen, damit sie von den Körpern der *santeros* Besitz ergreifen und zu ihnen sprechen.

Afrokubanische Gottheiten tragen sowohl göttliche als auch menschliche Züge. Die Orishas gehören zur Familie. Jede Person hat ihren eigenen Schutzgott, den *santo,* der ihm bei Problemen zur Seite steht. Zum Zeichen der Verbundenheit trägt man ein Stoffband in seiner Lieblingsfarbe. Für gute Taten wird er belohnt, etwa mit Naturalien oder mit Geld. Erhört er die Fürbitten jedoch nicht, wird er gescholten und bestraft.

über die Verurteilung des US-Embargos, der Papst forderte vor Millionen von Menschen die Öffnung Kubas. Die größte Sorge des Papstes galt den afrokubanischen Kultformen, die längst alle Gesellschaftsschichten durchdrungen haben. Zu den wichtigsten Kulten gehören *Santería, Palo Monte* und der Geheimbund *Abacuá*. Eine Hochburg der Santería sind in Havanna die Stadtteile Gunabacoa und Regla. Immer größeren Zulaufs erfreuen sich auch protestantische Glaubensgemeinschaften. Mittlerweile haben auch die Päpste Benedikt XVI. (2012) und Franziskus (2015) Kuba besucht.

KUNST & KULTUR

ARCHITEKTUR

Das architektonische Erbe der Taínos sind die *bohíos*, einfache **Bauernhütten**, deren Hauptbaumaterial die Königspalme ist. Mit den Spaniern kamen im 16. Jh. der Steinbau und die iberische Architektur nach Kuba. Eines ihrer Merkmale sind parkähnliche Plätze, um die herum sich Stadtverwaltung und Kirche, Paläste und Bürgerhäuser gruppieren.

Mit **Kolonialstil** ist der Zeitraum zwischen 1492 und 1898 gemeint. In diesen 400 Jahren gab es unterschiedliche Ausprägungen, etwa den klassizistischen Stil, der Kubas Städte mit Arkaden, Terrassen und Säulen verschönerte. Im 16./17. Jh. entstanden Paläste im Mudejarstil mit einfacher, zweistöckiger Grundstruktur, oft hufeisenförmigen Bögen und einem *patio* (Innenhof). Für eine frische Brise sorgten die schwingenden Patiotüren,

Ein begrünter Patio prägt die Gebäude der Kolonialarchitektur auch in La Habana Vieja

mamparas genannt. Im 17. Jh. wurden über Fenstern und Türen Öffnungen mit fächerartigen, beweglichen Lamellen, *persianas,* angebracht. Sie ließen die Luft zirkulieren und begrenzten den Lichteinfall. Auch die unverglasten bodentiefen Fenster, die nur mit Holzläden verschlossen werden, lassen genügend Luft herein. Sie sind durch hübsche Gitter, *barrotes,* gesichert. Dahinter lässt sich vom Schaukelstuhl aus das Straßengeschehen verfolgen. Die schmalen Balkone im ersten Stock sind überdacht und säulengestützt. Typisch sind die verzierten Balkongitter; im Schutz dieser *guardavecinos* kann man ungesehen die Nachbarn beobachten.

FILM

Seit den 1960er-Jahren gehört Kuba zu den Zentren des lateinamerikanischen Films. Die Filmschule ICAIC bei Havanna zieht Studenten aus aller Welt an. Kubanische Regisseure verarbeiteten Elemente des italienischen

EL RITMO CUBANO

Was kubanische Musik so faszinierend macht, ist ihre einzigartige Rhythmik. Rumba, Mambo und Cha-Cha-Cha lösten im Lauf des 20. Jhs. wahre Tanzwellen aus. Als Vorläufer der Salsa gilt der *son cubano,* ein Musikstil mit Wechselgesang, der aus der Kombination spanischer Harmonien mit westafrikanischen Rhythmen entstand. Typisch für den *son* ist ein Vorsänger, dem zwei Sänger im Refrain antworten, immer unterstützt durch die *maracas* (Rasseln). Zu den Instrumenten des ursprünglichen *son* zählen ferner die *tres,* eine Art Gitarre mit drei Doppelsaiten, und *bongos,* Handtrommeln. Später kamen weitere Perkussionsinstrumente hinzu. Die zweitaktige *clave* (span. Schlüssel) ist der Herzschlag von *son* und Rumba. Auf der Basis der *clave* entwickelten vor allem Los Van Van die aktuelle Form der tanzbaren Salsa, während die Gruppe Irakere mehr zum modernen Jazz tendiert. Ein Meister des *son* war der 2003 verstorbene Pianist Rubén González.

Neben der Tanzmusik sind auch Klänge aus Westafrika überliefert. Die Vorfahren schwarzer Kubaner stammen hauptsächlich aus dem Gebiet der Yoruba (heute Nigeria und Benin). Für sie waren Gesang, Tanz und Trommeln eng mit dem Glauben an ihre Gottheiten *(orishas)* verbunden und somit von zentraler Bedeutung im täglichen Leben. Alles wurde einem bestimmten *orisha* zugeordnet, für den die Yoruba jeweils mindestens einen Rhythmus erfanden. Bei Festen und Zusammenkünften erklingen die überlieferten Rhythmen auf den traditionellen *batas,* länglichen, beidseitig bespannten Trommeln mit einer größeren und einer kleineren Schlagfläche. In ungeübten Ohren mag diese Musik wie ein wildes Durcheinander klingen, aber sie ist streng strukturiert. Von der Exaktheit aller Abläufe hängt nämlich das Gelingen der Zeremonie ab. Die *orishas* verlangen Disziplin, nicht Improvisation.

Neorealismus, der französischen Nouvelle Vague, des US-amerikanischen Independent Film und sowjetische Klassiker. Sehenswerte kubanische Filme sind »Erdbeer und Schokolade« (1994) von Tomás Gutierrez Alea, »Lisanka« (2010) von Daniel Díaz Torres, »Conducta« (2014) von Ernesto Daranas oder »Letzte Tage in Havanna« (2017) von Fernando Pérez .

LITERATUR

Viel gelesen werden in Kuba die Werke des Dichters **José Martí** (1853 bis 1895), der für die Freiheit starb, und von **Nicolás Guillén** (1902–1989), der seine Gedichte afrokubanischen Themen widmete. **Fernando Ortíz** (1881 bis 1969) machte sich als Erforscher der musikalischen Wurzeln des Landes einen Namen. **Alejo Carpentier** (1904–1980), Gefangener des Machado-Regimes, dann Konsul in Paris, wurde zum bekanntesten Romancier außerhalb Kubas. Wichtige Vertreter des neueren kubanischen Romans sind **Miguel Barnet** (geb. 1940) sowie die wortgewaltigen Kritiker kubanischer Zustände und später ins Exil getriebenen Autoren **Guillermo Cabrera Infante** (1929–2005), **Jesús Díaz** (1941–2002) und **Reinaldo Arenas** (1943 bis 1990). Seit den 1990er-Jahren prägt die Generation der »Novísimos« (Neuartigen) die Szene. Ihre provokativen Texten mussten manche, wie **Ángel Santiesteban Prats** (geb. 1966), mit Haftstrafen bezahlen. Andere veröffentlichten zeitweise nur noch im Ausland, wie Journalist **Leonardo Padura** (geb. 1955), der in seinen Kriminalromanen, z. B. der Tetralogie »Das Havanna-Quartett«, auch heiße soziale Themen anspricht.

FESTE & VERANSTALTUNGEN

KARNEVAL

Der Karneval ist das wichtigste und spektakulärste Fest auf Kuba. In ihm werden auch afrokubanische Kulte wieder lebendig. Der Karneval in Havanna fand ursprünglich im Januar/Februar statt, wurde aber recht willkürlich in die sommerliche Ferienzeit verlegt. In Santiago de Cuba wird er schon immer im Juli gefeiert, wenn die Zuckerrohrernte *(zafra)* abgeschlossen ist. Zwei Wochen lang werden die Straßen zum magischen Raum, in dem Tag und Nacht durchgetanzt wird.

Straßenkarneval in Trinidad

Wem das Leben sonst nichts zu bieten hat, der amüsiert sich auf den Straßenfesten bis zur völligen Erschöpfung. Den Höhepunkt bilden drei Tage: der 24. bis 26. Juli.

LANDESWEITE FESTTAGE

Den **Jahrestag der Revolution** am 1. Januar beginnen die Kubaner fast immer mit einem Kater, denn in der Silvesternacht bleibt niemand daheim. Gleiches gilt für **Weihnachten,** das seit dem Papstbesuch 1998 wieder ein Feiertag ist. Am 28. Januar erinnert man sich an den Geburtstag des Nationalhelden José Martí. Am 1. Mai, dem **Tag der Arbeit,** trommeln die CDRs alle Willigen (und viele Unwillige) zu Massendemonstrationen zusammen. Patriotische Ansprachen prägen auch den 26. Juli, den **Jahrestag des Sturms auf die Moncada-Kaserne** 1953. Am 10. Oktober ist der **Jahrestag des Beginns des Unabhängigkeitskrieges** 1868–1878.

LOKALE FESTIVALS

Das bedeutendste kulturelle Ereignis ist das **Internationale Festival des Neuen Lateinamerikanischen Films** in Havanna, zu dem Anfang Dezember viel Prominenz aus aller Welt einfliegt. Im Januar folgt das **Internationale Jazz Festival.** Hochkarätig sind außerdem die Aufführungen beim **Internationalen Ballettfestival** in Havanna im Oktober/November. Recht lustig geht es im Februar beim **Fest zur Pampelmusenernte** auf der Isla de la Juventud zu: Der Pampelmusenwein sorgt jedenfalls für glorreiche Kopfschmerzen am nächsten Tag. Im Juni findet das **Cucalambé-Folklorefest** in Las Tunas statt, im Juli das **Festival del Caribe** in Santiago de Cuba und im September das **Beny-Moré-Festival** in Cienfuegos: Alle drei sind traditionelle Musikfestivals. Mit Sicherheit das ausgelassenste und traditionsreichste Ereignis zu Weihnachten sind die **Parrandas** von Remedios, mit Feuerwerk und farbenfrohen musikalischen Umzügen.

ESSEN & TRINKEN

Bei Kubanern kommt fast täglich dasselbe auf den Tisch. Bis 1989 gab es, worauf man per Lebensmittelkarte (»libreta«), Anspruch hatte – auch das wöchentliche Huhn und die Portion Sahneeis. Seither dirigiert die Partei wegen der Lebensmittelknappheit den Speiseplan rigide.

Die Küchenchefs der Luxushotels wissen dagegen, was die Gaumen der Touristen und ausländischen Geschäftsleute kitzelt; etwas Kreolisches ist meist dabei. Zeitweise sind aber Gerichte, die auf der Speisekarte stehen, nicht mehr zu haben.

Eine Köstlichkeit ist ohnehin nicht auf der Karte der Hotels zu finden: das erfrischende Kokosnusswasser. Man bekommt es je nach Marktlage unterwegs bei den *ranchos* oder *ranchones*. Diese rustikalen, strohgedeckten Bar-Restaurants finden Sie mittlerweile bei fast allen Sehenswürdigkeiten, mitunter auch an Hauptstraßen.

Kochbananen werden in Öl ausgebacken

Eine Alternative mit abwechslungsreicherer Küchen bieten die *Paladares* (dt. Gaumen), familiengeführte Privatrestaurants. Meeresfrüchte und Languste stehen selten auf der Speisekarte, sind aber auf Nachfrage häufig doch erhältlich. Manchmal isst man im Wohnzimmer einer Familie, gelegentlich sogar in aristokratischen Sälen. Aber die Preise sind für normale Kubaner viel zu teuer. Vielerorts zahlt man für ein Essen über 15 CUC pro Person, etwa im La Guarida und anderen schicken Restaurants in Havanna. In allen Städten gibt es inzwischen Filialen der Schnellrestaurantkette El Rápido – die kubanische Antwort auf McDonalds.

MI MOJITO Y MI DAIQUIRI

Ernest Hemingway pflegte in der Bar »La Bodeguita« mittags seinen Lieblingscocktail Mojito zu trinken. Abends war für ihn im »El Floridita« ein Barhocker reserviert, wo er seinen Daiquiri zu sich nahm. Sein Spruch »Mi Mojito en La Bodeguita, mi Daiquiri en El Floridita« hat beide Lokale berühmt gemacht. Mit ihren Cocktails trank sich Hemingway eine Leberzirrhose an.

In den Mojito gehören dreijähriger weißer Rum, Limettensaft, Zucker und Soda mit viel Eis, garniert mit *yerba buena,* einer Minzeart. Das Originalrezept des Daiquiri von 1898 beinhaltet weißen Rum, Limettensaft und Rohrzuckersirup, meist mit fein zerkleinertem oder pulverisiertem Eis im Mixer zubereitet. *Cuba libre* (wörtlich: »freies Kuba«) wurde als Begrüßungstrunk für die Amerikaner erfunden, als Dank für den Rausschmiss der spanischen Kolonialherren 1898. Gemixt werden ein Teil Amerika (Cola) und ein Teil Kuba (Rum). Bier ist in Kuba eigentlich beliebter als Rum, aber viel zu teuer. Verbreitet sind die Marken: »Hatuey«, »Cristal«, »Mayabe« und »Bucanero«. Noch kostspieliger sind Weinimporte aus Spanien, Chile oder Bulgarien.

DIE BESTEN RESTAURANTS

- **La Guarida,** Havannas berühmtes Restaurant im Centro, verwöhnte schon die spanische Königin mit kubanischen Kreationen. > S. 66
- Im romatischen **Cocina de Lilliam** in Miramar ließ es sich einst Jimmy Carter schmecken. > S. 66
- **San Cristóbal** heißt einer der besten Paladares von Havanna. Er befindet sich in einem wunderschönen Apartment im Centro. > S. 67
- Im prunkvollen Speisesaal eines Palasts im neomaurischen Stil serviert das Restaurant **Palacio de Valle** in Cienfuegos Hummer und Seafood. > S. 104
- Würzige Hähnchen und exzellente hausgemachte Limonade bietet das elegante **El Jigüe** in Trinidad. > S. 107
- Edelste Gourmetküche bereiten die Restaurants in Kubas feinstem Resort auf **Cayo Ensenachos** zu. > S. 112
- Das **Campana de Toledo** in einem Altbau des 18. Jhs. in Camagüey ist auf Rindfleischgerichte spezialisiert. > S. 116
- In Santiago zaubern die Köche des Restaurants **Zunzún** wohlschmeckende Kuba-Menüs, aber auch Tapas, Paella, Hummer und Knoblauchgarnelen. > S. 138
- Der gemütliche Paladar **Bendita Farandula** in Santiago überzeugt mit sehr gutem Essen und Preis-Leistungs-Verhältnis. > S. 138

HAUPTGERICHTE UND BEILAGEN

Kubas Küche mischt hispanische, afrikanische und karibische Einflüsse. *Cristianos y moros,* weißer Reis mit schwarzen Bohnen oder *arroz congrí,* Reis mit roten Bohnen, sind für viele Menschen nicht nur Beilage, sondern tägliche Hauptmahlzeit.

Ansonsten regt man den Magen durch einen frischen Salat mit Gurke, Tomate, Weißkohl und manchmal Palmherz an. Beim kreolischen Menü wird als Entrée ein Obstsalat serviert, meist Grapefruit und Orange, teils auch Ananas oder mal Mango, Melone und Papaya.

Dann beherrschen Huhn oder Schweinefleisch die Auswahl, gerne in Form von *pollo ahumado,* geschmortem Huhn, oder auch *cerdo asado,* gebratenem Schweinefleisch. Rindfleisch wird als dünne, harte Scheibe oder als Gulasch, *picadillo,* serviert. Dazu gibt es stärkehaltige Knollenfrüchte, etwa die taroähnliche *malanga,* die Süßkartoffel *boniato* oder Maniok *(yuca).* Richtig satt wird man durch die in Öl gebratene Kochbanane, die zu vielen Gerichten gereicht wird.

Fisch und Meeresfrüchte sind als Exportschlager für die meisten Kubaner weder verfügbar noch erschwinglich.

FRÜHSTÜCK UND DESSERT

Das typische Frühstück besteht aus Obst, Brot mit Mayonnaise und Zuckerrohrsaft. Leckere Snacks für zwischendurch sind *pan con lechón* (Brötchen mit Spanferkel), *tamales* (Maistaschen mit Fleisch) oder *palitroque* (Grissini-Brotstange). Zum

Dessert gibt es Obstsalat, den Karamellpudding *flan,* kandierte Papayas mit einem Fettgebäck namens *buñuelos* aus Maniok und Süßkartoffel oder vielleicht Guavenmarmelade mit Frischkäse, *guayaba con queso.* Am Schluss wird ein starker, schwarzer Kaffee mit viel Zucker, *café mezclado,* serviert.

SHOPPING

Bei Diplotienda, Tiendas Panamericanas oder in Artex-Läden bekommt man fast alles – auch im sozialistischen Kuba.

Was offiziell nicht zu haben ist – Importwaren und kubanische Spitzenprodukte wie Rum, Zigarren und Kaffee –, steht in den Devisenläden. Zigarren (Cohibas, Montecristos, Partagas und Romeo y Julietas) sind hier garantiert echt, richtig gelagert und kosten nicht halb so viel wie daheim. Bis zu 20 lose Zigarren dürfen ausgeführt werden ohne Nachweis über Herkunft und Kauf, bis zu 50 Zigarren nur in versiegelten, mit offiziellem Hologramm versehenen Originalverpackungen! Bei mehr als 50 Zigarren muss auch die Originalrechnung eins staatlichen Geschäfts vorgelegt werden (Infos unter www.aduana.co.cu). Achtung: In Europa sind nur 50 Stück zollfrei. Auf der Straße angebotene Zigarren sind minderwertige Fälschungen.

In den staatlichen **Centros de Artesania** und den Geschäften des **Fondo de Bienes Culturales** ist die Qualität des Kunsthandwerks (z. B. Karnevalsmasken, Dominospiele) exzellent, aber nicht billig. Inzwischen werden zur Zahlung neben konvertiblen Pesos (CUC) auch kubainsche Pesos (CUP) akzeptiert. Die Zusammenführung beider Währungen ist geplant.

Vorsicht: Souvenirs sind oft aus Schildpatt, Schwarzer Koralle oder Edelhölzern gefertigt, deren Handel und Besitz laut Washingtoner Artenschutzabkommen verboten ist. Kunstwerke ohne Exportlizenz werden am Flughafen konfisziert. Diese erhält man vormittags im Fondo Cubano de Bienes Culturales, Casa Matriz, Calle 17 No. 157 e/ K y L, Vedado, Havanna, Tel. (7) 833 0834 und 204 7105, www.fcbc.cu (spanisch) oder bei der Zweigstelle Plaza Vieja: Casa de los Condes de Jaruco (»La Casona«, Centro de Arte).

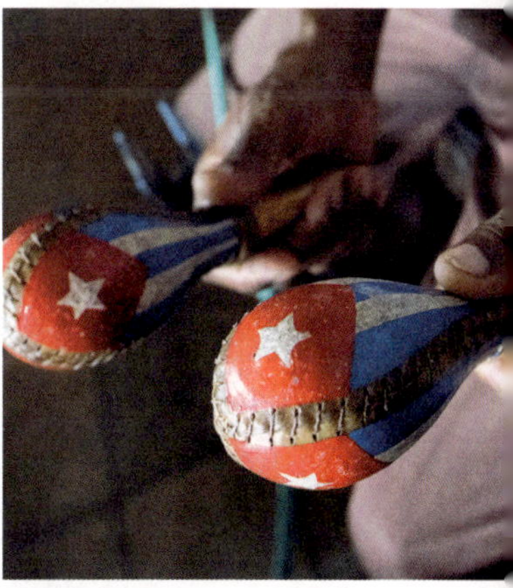

Maracas sind als Mitbringsel gefragt

Die kubanische Landwirtschaft setzt auf Pferde und Ochsen statt auf teuer importierte Landmaschinen

TOUREN & SEHENSWERTES

HAVANNA

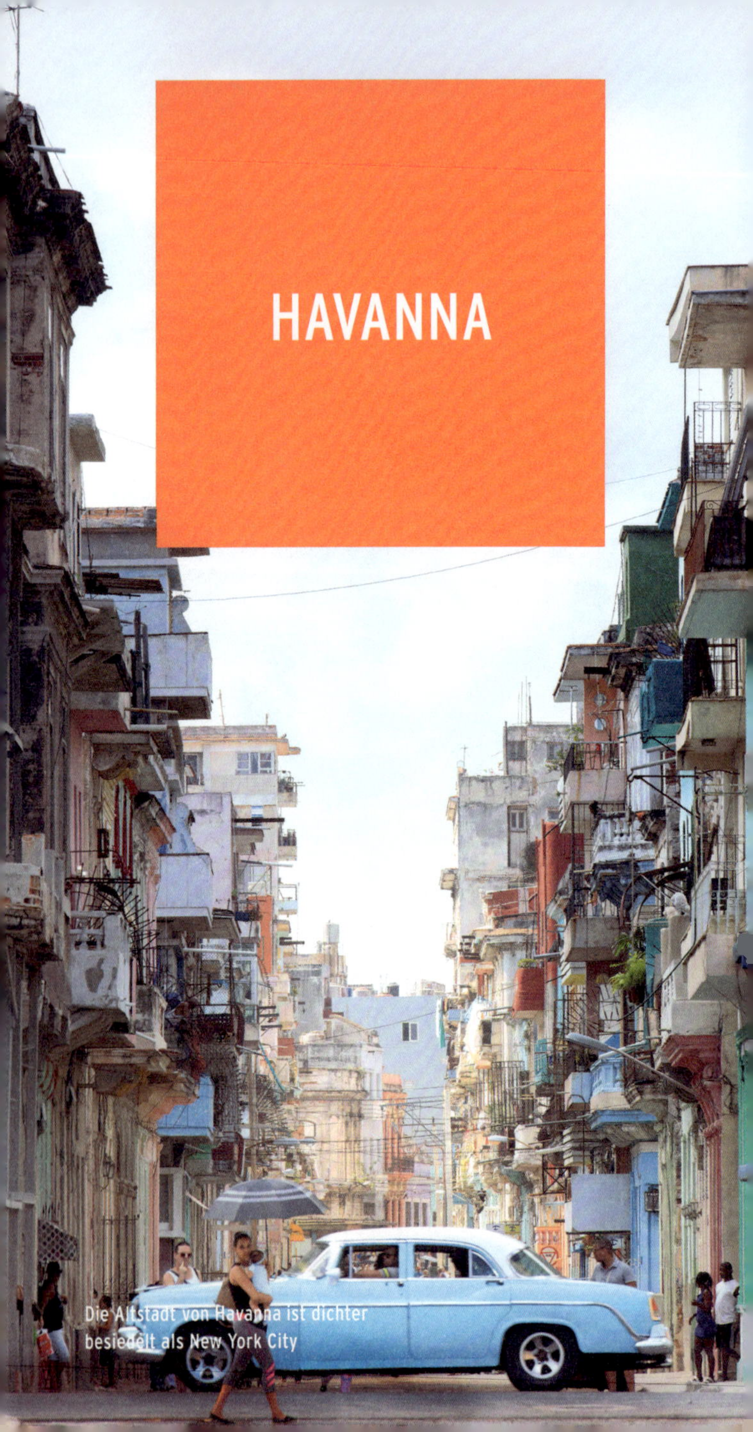

Die Altstadt von Havanna ist dichter besiedelt als New York City

Havanna fasziniert mit der schönsten Altstadt der Karibik, auch wenn die Fassaden teilweise bröckeln, einer kilometerlangen Uferpromenade, auf der vereinzelt amerikanische Oldtimer entlangfahren, und einem pulsierenden Nachtleben.

Havanna – der Name hat einen magischen Klang. Er erinnert an Zeiten der Prohibition, als sich hier US-Amerikaner vergnügten. Zwar ist es der nostalgische Charme des Maroden, der Havanna etwas Einmaliges und Zauberhaftes verleiht, aber der Zerfall ist dramatisch. Viele architektonische Kostbarkeiten sind nicht mehr zu retten. Die Restauratoren kommen kaum nach. Die unbestrittenen Könige der Straßen sind die bunten Oldtimer der Amerikaner aus den 1950er-Jahren. Aber im Zuge der neuen wirtschaftlichen Öffnung belebt sich die Stadt allmählich, machen immer mehr schicke Läden auf. Und neben klapprigen Ladas sind sogar moderne westliche Autos unterwegs. In der Kultur verschafft sich eine neue Avantgarde Gehör, und Restaurants experimentieren mit neuer kubanischer Küche.

TOUREN IN DER REGION

TOUR 1

DAS ALTE HAVANNA

ROUTE: Plaza de Armas › Castillo de la Real Fuerza › Plaza Vieja › Calle Obispo › Plaza de la Catedral › Museo Nacional de la Música › Museo de la Revolución › Museo Nacional de Bellas Artes › Centro Asturiano › Parque Central › Paseo Martí › Malecón › Castillo de los Tres Reyes del Morro

KARTE: Seite 59

DAUER: 1 Tag

PRAKTISCHE HINWEISE:

- Mit Fahrradrikschas kann man die Wege verkürzen.
- Einige Museen sind am Montag geschlossen.
- Alle Pool-Dachterrassen der Hotels sind gegen Eintritt zugänglich.

TOUR-START:

Am besten starten Sie frühmorgens, wenn die Luft frisch und klar ist, dann gelingen die besten Fotos. Ausgangspunkt ist die von Prachtbauten aus der Kolonialzeit gesäumte **Plaza de Armas** 1 › S. 57, auf der die Straßenbuchhändler von

Havanna ihre Schätze anbieten. Im schönen Patio des Luxushotels Santa Isabel wird ein reichhaltiges gutes Frühstück serviert, in der benachbarten Casa del Café ein starker *cafecito*. Danach hat auch endlich das **Castillo de la Real Fuerza** 3 › S. 57, die älteste Festung der Stadt, seine Tore geöffnet.

Bummeln Sie anschließend von der Plaza de Armas auf der schönen Calle Oficios gen Süden, bis rechts die Calle Muralla (die fünfte Querstraße) abbiegt. Sie führt zur **Plaza Vieja** 4 › S. 57. Hier können Sie die Kunstgalerien durchstöbern oder vom Edificio Gómez die Aussicht auf die Altstadt genießen.

Auf der Calle Ignacio geht es nun wieder nach Norden bis zur **Calle Obispo** 6 › S. 58, der Hauptstraße von Habana Vieja zwischen Plaza de Armas und Parque Central, die sich auch außerhalb des Rundgangs für einen Bummel anbietet. An der Ecke Ignacio/Obispo nimmt man den Aufzug zur Dachterrasse des Ambos Mundos und genießt den Ausblick. Werfen Sie auch einen Blick in das Zimmer 511. Hier schrieb Ernest Hemingway in den 1930er-Jahren seinen Roman über den Spanischen Bürgerkrieg: »Wem die Stunde schlägt«. Zur **Plaza de la Catedral** 7 › S. 58 mit ihren Kolonialpalästen ist es nur noch ein Katzensprung. Im schattigen Innenhof des Restaurants El Patio lässt sich gemütlich essen.

Der heiße Nachmittag eignet sich bestens dazu, die nahen Museen aufzusuchen. Ein Muss ist natürlich das **Museo de la Revolución** 10 › S. 60 mit seinen Revolutionsreli-

TOUR IN HAVANNA

TOUR 2

AUF DEN SPUREN HEMINGWAYS

Habana Vieja › Museo Casa Ernest Hemingway › Cojímar › Playas del Este › Habana Vieja (mit Hotel Ambos Mundos und den Bars Bodeguita del Medio und El Floridita)

quien. Einen Block weiter südlich warten die Meisterwerke kubanischer Maler im **Museo Nacional de Bellas Artes** 11 › S. 60. Seine hervorragende Sammlung europäischer Meister stellt das Museum im nahegelegenen **Centro Asturiano** 12 am **Parque Central** 13 › S. 60 aus. Der späte Nachmittag vertrödelt sich wunderbar auf den schattigen Parkbänken. Man beobachtet amüsiert die Männer im »Rincón Caliente«, der »heißen Ecke« des Platzes, die erregt über Baseball diskutieren. Oder man gönnt sich in der Bar im Hotel Telégrafo an der Westseite des Parks – der schönsten weit und breit –, einen erfrischenden Drink.

Gegen halb sechs wird es Zeit, den von bröckelnden Kolonialbauten gesäumten **Paseo de Martí** 15 › S. 61, auf dem Knirpse in ihren Schuluniformen spielen, zum Meer hinunter zu schlendern. Im sanften Abendlicht gelingen herrliche Fotos fast von allein. Dann ist auch schon der **Malecón** 16 › S. 61 erreicht, dessen pastellfarbene Häuserfront im Abendrot erglüht. Entweder genießt man hier wie viele Liebespaare die romantische Stimmung auf der Kaimauer, oder man springt schnell in ein Taxi, um nach wenigen Minuten den Sonnenuntergang über Havanna vom **Castillo de los Tres Reyes del Morro** 17 › S. 62 am anderen Ende der Hafeneinfahrt aus zu bewundern. Die Kanonenschüsse der *cañonazo* genannten Zeremonie in der benachbarten Fortaleza beenden einen langen Tag – es beginnt eine noch längere Nacht!

TOUR 2

AUF DEN SPUREN HEMINGWAYS

ROUTE: Habana Vieja › Museo Casa Ernest Hemingway › Cojímar › Playas del Este › Habana Vieja (mit Hotel Ambos Mundos und den Bars Bodeguita del Medio und El Floridita)

KARTE: Seite 54
DAUER: 1 Tag
PRAKTISCHE HINWEISE:
- Die Tour außerhalb des Zentrums unternimmt man besser mit dem (Privat-)Taxi, denn man verfährt sich sonst einfach zu oft. Pauschalpreis aushandeln!
- So und bei Regen ist das Museo Casa Hemingway geschlossen.

TOUR-START:

40 Minuten dauert die Fahrt von **Habana Vieja** › S. 57 zum **Museo Casa Ernest Hemingway** › S. 64 in San Francisco de Paula am südöstlichen Stadtrand. Ein Blick durch die offenen Fenster muss genügen. Dann geht es in den Fischerort **Cojímar.** Hier lag einst Hemingways Jacht *Pilar*. Nach dem Selbstmord des Autors 1961 ließen die hiesigen Fischer aus eingeschmolzenen Ankern und Ketten die Büste im Ortszentrum gießen. Im Lokal La Terraza kann man auf einen verstorbenen Stammgast, den »alten Mann« Gregorio Fuentes, anstoßen.

Karte S. 54

Die Altstadthäuser am Malecón brauchen wegen der salzhaltigen Seeluft oft neue Farbe

Einige Kilometer westlich lockt das Strandleben der **Playas del Este** › S. 70. Am späten Nachmittag geht es dann mit dem Taxi (oder Bus) zurück nach **Habana Vieja** › S. 57. Hier kann man bequem vom **Hotel Ambos Mundos** › S. 58, wo das Hemingway-Zimmer zu besichtigen ist, zur Bar **El Floridita** › S. 66 spazieren, um dort zu Ehren Hemingways einen Daiquiri zu trinken, am besten den »Papa Spezial«. Auch die **Bodeguita del Medio** › S. 66 ist nur einen Spaziergang entfernt, aber die Mojitos dort sind leider verwässert.

VERKEHRSMITTEL

Der **José Martí International Airport** (Tel. (7) 649 5666, (7) 649 4133, http://havana.airportcuba.net) wird direkt von Deutschland angeflogen. › **mehr S. 17 Punkt 36**

Vom **Terminal Aerocaribbean** (Aeropuerto Playa Baracoa, Carretera Panamericana km 15, Caimito, Artemisa, ca. 30 km südwestlich von Havanna, Tel.(7) 203 0668, (7) 203 0686) starten Inlandsflüge, u. a. zur Isla de la Juventud, Cayo Largo, Cayo Coco, nach Santiago.

Für kürzere Distanzen nimmt man das **Bicitaxi** oder die gelben dreirädrigen **Cocotaxis,** für etwas längere ein **Autotaxi** (z. B. Flughafen–Stadt Havanna 25–30 CUC). Vor dem Capitolio warten außerdem amerikanische **Oldtimer** und **Pferdekutschen** auf Kunden.

Die Playas del Este sind mit **Bussen** zu erreichen. Die **Habana Bus Tour** verkehrt auf drei Linien (T1: Alameda de Paula/Altstadt–Parque Central–Plaza de la Revolución, T2: Plaza de la Revolución–Miramar–Marina Hemingway, T3: Parque Central–El Morro–Playas del Este, tgl. 9–18.30 Uhr, etwa alle 40 Min., Tagesticket: 10 CUC).

WICHTIGE ADRESSEN

Infotur-Büros: Obispo esq. San Ignacio, Tel. (7) 863 6884; Obispo 524 e/ Bernaza y Villegas, Tel. (7) 866 3333, www.infotur.cu, tgl. 8.30–20.30 Uhr

UNTERWEGS IN HAVANNA E1

LA HABANA VIEJA 1

Das historische Viertel steht in eindrucksvollem Kontrast zu den neuen Gebäuden der schnell gewachsenen 2,3-Millionen-Stadt. Dass auf einer Fläche von 4 km² immer mehr der Häuser aus Kolonialzeiten renoviert werden, ist nicht zuletzt der UNESCO zu verdanken, die den Stadtkern in seiner Gesamtheit 1982 zum Weltkulturerbe erklärte.

PLAZA DE ARMAS 1 c/d3

Der älteste Platz Havannas stammt aus der Zeit der Stadtgründung um 1519. Früher exerzierten hier die Soldaten der spanischen Krone, heute treffen sich die Habaneros unter den schattigen Bäumen des kleinen Parks. In der Parkmitte ehrt ein Denkmal Carlos Manuel de Céspedes (1819–1874) für seinen – erfolglosen – Freiheitskampf gegen die spanische Kolonialherrschaft.

Im Rücken des Helden steht eines der schönsten Bauwerke Havannas, der **Palacio de los Capitanes Generales** 2, der 1776 als Domizil für Kubas spanische Generalkapitäne gebaut wurde. Zwar reservierte man der Königsfamilie einen Thronraum, aber es dauerte über 200 Jahre, bis ein spanischer König Kuba besuchte: Juan Carlos und Sofia kamen 1999 auf die Insel. Wer im heute hier untergebrachten **Museo de la Ciudad** (Tel. (7) 869 7358, Di–So 9.30–17 Uhr) nicht in der kolonialen Stadtgeschichte herumstöbern mag, sollte wenigstens einen Blick in den hübschen Patio mit der marmornen Kolumbus-Statue werfen. › mehr S. 15 Punkt 25

Dem Palast gegenüber steht »das Tempelchen« – **El Temple te** – und neben ihm eine mächtige *ceiba*, ein Kapokbaum, der als heilig gilt. Am 16. November, dem Tag des Stadtpatrons San Cristóbal, läuft die halbe Stadt um den Baum herum und wirft Münzen an seine Wurzeln, um sich etwas zu wünschen.

CASTILLO DE LA REAL FUERZA 3 c/d3

Die älteste Festung Kubas (1558) ist zugleich eine der ältesten Lateinamerikas. Ihre 6 m starken und 10 m hohen Mauern sollten die aufblühende Stadt vor Piraten schützen (Tel. (7) 864 4490, Di–So 9.30 bis 17 Uhr).

Auf dem runden Festungsturm ist die anmutige Bronzefigur **La Giraldilla** zu sehen. Das Wahrzeichen Havannas stellt die Gouverneursgattin Inés de Bobadilla dar, deren Ehemann Hernando de Soto auf Entdeckungsfahrt ging und schließlich in Florida den Tod fand.

Im Castillo ist neben Schifffahrts- und Keramikmuseum auch eine Bar untergebracht.

PLAZA VIEJA 4 c4

Südlich vom Castillo führt die Calle Mercaderes an der **Casa de Africa** und der **Casa de la Obra Pía** vorbei zur besonders schön restaurierten

Karte S. 59

Plaza Vieja. In den umstehenden Häusern aus dem 16. Jh. sind Kunstgalerien und Kulturzentren untergebracht. Der Blick auf die Altstadt von der Dachterrasse des restaurierten Edificio Gómez aus ist ein Muss für Fotografen, vor allem die dortige **Cámara Oscura** (Tel. (7) 866 4461, tgl. 9–17 Uhr).

PUERTO VIEJO 5

Der alte Hafen Havannas im Süden des historischen Zentrums war seit dem frühen 16. Jh. ein wichtiger Warenumschlagplatz in der Karibik. Weil die schmale Fahrrinne nicht vertieft und das Areal mitten in der Stadt nicht ausgebaut werden konnte, entstand im 40 km westlich gelegenen Mariel mit Hilfe Brasiliens ein moderner Containerhafen, der 2014 samt einer Sonderwirtschaftszone eingeweiht wurde. Im Puerto viejo de La Habana hingegen restaurierte man die heruntergekommenen Hafengebäude. In ein 1885 errichtetes Lagerhaus, **Almacénes de San Jose** (Ave. Desamparados esq. Cuba, tgl. 9–19 Uhr), zog ein Kunsthandwerksmarkt. Hier werden Bilder, Skulpturen, Keramik, Percussioninstrumente und Lederwaren verkauft. Außerdem gibt es eine Caféteria. Und nebenan, im früheren Holz- und Tabaklager, lockt eine **Cervecería** (Bierbrauerei) mit Grillgerichten und einer Aussichtsplattform auf dem Dach.

CALLE OBISPO 6 b3–d3

Alt-Havannas Haupteinkaufsstraße im Westen der Plaza de Armas ist mit ihren Cafés und Restaurants eine der lebendigsten Straßen der Stadt. Viele Häuser wurden stilgerecht restauriert, so die **Panadería San José** oder die **Farmacia Taquechel.** Nach etwa 200 m passiert man das **Hotel Ambos Mundos**, wo in Zimmer 511 immer noch das Bett für Ernest Hemingway gemacht ist. Von der Dachterrasse bietet sich ein schöner Blick auf die Altstadt.

PLAZA DE LA CATEDRAL 7 c3

Das einheitliche Ensemble spanischer Kolonialarchitektur um diesen Platz hat in ganz Südamerika kaum Parallelen. Wer auf der Plaza de la Catedral steht begreift, warum der kubanische Dichter Alejo Carpentier Havanna einmal zur »Stadt der Säulen« erklärte.

Die Stirnseite besetzt die barocke **Catedral de La Habana** 8. Um 1750 begannen die Jesuiten mit ihrem Bau. Ihre Weihe 1788 erlebten sie nicht mehr, da sie 1767 im Namen des spanischen Königs vertrieben wurden. Bis zum Ende des Kolonialkriegs barg die Kathedrale Christoph Kolumbus' Gebeine, die man dann ins spanische Sevilla verschiffte (Mo–Sa 10.30–14, So 9–12 Uhr).

Zur Rechten wird die Kathedrale vom **Palacio del Marqués de Aguas Claras** (1760) mit dem einladenden Café-Restaurant El Patio flankiert. Auf Kunstsinnige wartet nebenan das **Centro de Arte Contemporáneo Wifredo Lam** (Tel. (7) 864 62 82, Mo–Sa 10–16 Uhr).

Zur Linken der Kathedrale stehen der **Palacio del Marqués de**

TOUR IN HAVANNA

TOUR 1

DAS ALTE HAVANNA

1 Plaza de Armas
2 Palacio Cap. Generales
3 Castillo de la Real Fuerza
4 Plaza Vieja
5 Puerto Viejo
6 Calle Obispo
7 Plaza de la Catedral
8 Catedral de La Habana
9 Museo de la Música
10 Museo de la Revolución
11 Museo de Bellas Artes
12 Centro Asturiano
13 Parque Central
14 Capitolio Nacional
15 Paseo de Martí
16 Malecón
17 Castillo »El Morro«
18 Castillo San Salvador
19 Fortaleza San Carlos de la Cabaña

Arcos und die **Casa de Lombillo** mit ihrem schönen Patio, beide aus dem 18. Jh. Das Kopfsteinpflasterkarree schließt die **Casa Bayona** ab, in der ein Kolonialmuseum eingerichtet wurde (tgl. 9.30–18.30 Uhr).

CENTRO HABANA

Zentral-Havanna heißt der Stadtteil im Westen der Altstadt, eine Erweiterung aus dem 18. Jh. mit vielen bröckelnden Häusern. Hier findet man jede Menge Fotomotive und das wahre Leben Havannas.

MUSEUMSVIERTEL b2/3

Das erste Museum im Karree ist das **Museo Nacional de la Música** 9. Es informiert über Kubas Musikgeschichte mit vergilbten Partituren, kuriosen Instrumenten, verschiedenen Afrotrommeln sowie einer Sammlung alter Plattenspieler (Carcel 1 e/ Habana y Aguiar, Tel. (7) 861 9846, Mo–Sa 10–17.30 Uhr; Infos zu Konzerten im Museum).

In den prächtigen Räumen des früheren Präsidentenpalasts residiert das **Museo de la Revolución** 10. Hier sind die Befreiungskämpfe bis zur Revolution 1959 dokumentiert. Lebensgroße Plastikrevolutionäre erscheinen in naturgetreu nachgebildeter Sierra-Maestra-Landschaft, außerdem werden Kalaschnikows, benutzte Teller und blutverschmierte Hemden der Revolutionäre sowie das medizinische Handwerkszeug, mit dem Che in den Bergen die Verwundeten behandelte, ausgestellt. Zum Rundgang gehört der Besuch des **Memorial Granma** mit der legendären »Granma« im Garten hinter dem Museum. Das Motorboot war völlig überladen mit Vorräten, Waffen und 82 Revolutionären von Mexiko aus in See gestochen. Bei der Landung im Süden Kubas wurde es von Batistas Soldaten entdeckt; nur 15 Männer konnten entkommen (Refugio e/ las Misiones y Zulueta, Tel. (7) 862 24 63, tgl. 9.30–17 Uhr). › mehr S. 15 Punkt 21

Das benachbarte Art-déco-Gebäude des **Museo Nacional de Bellas Artes** 11 beherbergt die größte Sammlung kubanischer Malerei vom Beginn der Kolonialzeit bis in die Gegenwart. Besondere Beachtung verdienen die Werke des afrokubanischen Surrealisten Wifredo Lam, in dessen Gemälden immer Geisterwesen stecken, sowie die abstrakten Frauen- und Altstadtporträts von René Portocarrero (Trocadero e/ Zulueta y Monserrate, Tel. (7) 861 0241, Di–Sa 10–18, So 10 bis 14 Uhr).

Das Nationalmusem der schönen Künste präsentiert die europäischen Meisterwerke im nahegelegenen schmucken **Centro Asturiano** 12 (San Rafael e/ Zulueta y Monserrate, Di–Sa 10–18, So 10–14 Uhr).

PARQUE CENTRAL 13 b3/4

Der von hohen Königspalmen gesäumte kleine Park mit seinen Steinbänken wirkt wie eine Oase. Im Schatten des Naturdaches verbringen Junge, Alte, Verliebte und Mütter mit Kindern ihre freie Zeit. Nationalheld José Martí beherrscht die Parkmitte in Gestalt einer Stein-

Die Helden der kubanischen Revolution sind längst museumswürdig

statue. Hotels wie das »Inglaterra« mit seinem Säulenportal und dem schmiedeeisernen Baldachin (Bar auf dem Dach) oder das »Telégrafo« sowie das frisch restuarierte **Gran Teatro »Alicia Alonso«** (früher: Garcia Lorca) geben dem Platz seinen teils barocken, teils neoklassizistischen Charme.

CAPITOLIO NACIONAL 14 a4

Die Kopie des US-amerikanischen Kapitols in Washington wurde 1929 von dem verhassten Präsidenten Machado eingeweiht. 1960–2013 residierte hier die Akademie der Wissenschaften. Nach Abschluss der umfassenden Restaurierungsarbeiten 2018/2019 soll allerdings wieder das kubanische Parlament einziehen (mit Führung, i.d.R. tgl. 10–17 Uhr).

PASEO DE MARTÍ 15 b2–a3

Havannas prominenteste Prachtstraße, auch **Prado** genannt, führt bis ans Ufer der Hafenbucht. Ein Hauch von Madrid und eine Prise Nizza sind hier zu spüren. Von den kühlen Steinbänken auf dem Mittelstreifen kann man mit aller Gelassenheit die vornehmen Häuser des Boulevards betrachten. Die Löwenfiguren an den Straßenübergängen sollen übringes aus den Kanonen gegossen worden sein, die die Engländer nach ihrer kurzzeitigen Einnahme der Stadt 1762 unbenutzt zurückgelassen hatten.

MALECÓN 16 a1–e1

Die berühmte Uferstraße gehörte früher zur Stadtbefestigung und zieht sich heute über etwa 7 km von Alt-Havanna bis ins Diplomaten- und Villenviertel **Miramar.** Vor der Revolution vertrieben sich amerikanische Millionärsgattinnen in Juwelierläden entlang der Straße die Zeit. Später flanierten auf dieser Meile leichte Mädchen, die heute wegen der starken Polizeipräsenz diskreter agieren. Im Karneval tanzt eine bunte Menschenmasse zu Trommeln und Marschmusik über die Asphaltfläche.

Che Guevaras Konterfei markiert das kubanische Innenministerium

BUCHTIPP

Graham Greene, Unser Mann in Havanna, dtv. Die richtige Lektüre für den entspannten Aufenthalt in Havanna. Der Leser findet sich im Tropicana, im Hotel Sevilla und am Malecón wieder. Die Verfilmung mit Alec Guinness in der Hauptrolle durfte 1959 an Originalschauplätzen in Havanna gedreht werden.

CASTILLO DE LOS TRES REYES DEL MORRO 17 b1

Auf einer felsigen Anhöhe überwacht die imposante Festung, kurz El Morro genannt, die engste Stelle der Hafeneinfahrt. Kein anderer Ort bietet einen so eindrucksvollen Blick auf die Skyline von Havanna, besonders im milden Licht bei Sonnenuntergang (Tel. (7) 863 7941, tgl. 10–18 Uhr).

Vom Bollwerk El Morro und dem **Castillo de San Salvador de la Punta** 18 b2 gegenüber konnten die Habaneros einfahrende Feinde ins Kreuzfeuer nehmen. Seithdem der Hafen 1561 zum Sammelpunkt der königlich-spanischen Silberflotte auf ihrem Rückweg nach Europa avancierte, häuften sich die Piratenüberfälle (Schatzmuseum, Mi–So 10–18 Uhr).

Die Festung El Morro, 1588 bis 1630 im Auftrag König Philipps II. errichtet, galt lange Zeit als uneinnehmbar. Als jedoch 1762 etwa 10 000 rote Waffenröcke aus England mit schwerem Geschütz anrückten, verlor El Morro seinen Nimbus. Ein Jahr später erhielten die Spanier dann Havanna im Tausch gegen Florida von den Engländern zurück. Darufhin erbauten sie am Ort des Kampfgeschehens eine 700 m lange Festung, die **Fortaleza de San Carlos de la Cabaña** 19 c1–d2. Täglich um 20 Uhr startet die traditionelle Kanonenschusszeremonie »Cañonazo de las nueve«. Der Donnerhall um 21 Uhr gab einst das Signal, alle Stadttore zu schließen. Innerhalb der Festungsmauern unterhält heute eine Bar ihre Gäste mit Livemusik und Tanz – noch lange über den einstigen Toresschluss hinaus (Tel. (7) 862 4095, tgl. 10–22 Uhr).

VEDADO

Zu Fuß läuft man vom Zentrum zum Geschäfts- und Hotelviertel Vedado gut 45 Minuten – am besten nimmt man sich ein Taxi oder eine

Fahrradrikscha *(bicitaxi)*, um die langgestreckten Avenidas, die von schönen Herrenhäusern aus dem frühen 20. Jh. gesäumt werden, zu erkunden.

La Rampa 20 a2–b1, eigentlich die 23. Straße, ist die Hauptschlagader von Vedado. Alle großen Firmen und Fluggesellschaften sind hier oder in einer der Seitenstraßen vertreten, ebenso wie traditionelle Hotels, darunter das legendäre **Hotel Nacional de Cuba** 21 b1. In den 1930er-Jahren stieg hier ab, wer Rang und Namen hatte: Die Politiker Winston Churchill und Charles de Gaulle standen auf der Gästeliste. Filmstars wie Buster Keaton, Errol Flynn, Ava Gardner und Marlon Brando sonnten sich am Pool, und berüchtigte Mafiosi wie Lucky Luciano und Meyer-Lansky gaben rauschende Feste.

Nur einen Katzensprung entfernt davon ist **Coppelia** 22 a/b2, Havannas berühmter Eispalast unter Betondach mit Garten (Calle 23 y L, Tel. (7) 832 6184, Di–So 11 bis 22 Uhr; Extra-Pavillon für die CUC-Zahler links vom Hauptgebäude). › mehr S. 14 Punkt 16

PLAZA DE LA REVOLUCIÓN 23 a4

Den Mittelpunkt dieser monströsen Plaza im Stadtteil Nuevo Vedado, auf der bei Massenkundgebungen bis zu 1,5 Mio. Menschen Platz finden, bildet ein riesiges **Denkmal für José Martí** mit Museum und Aussichtsplattform (Ave. Paseo, Plaza de la Revolución, Tel. (7) 882 0906, Mo–Sa 9.30–16.30 Uhr). Das **Innenministerium** mit dem stählernen Großbild von »Che« Guevara ist das auffälligste Gebäude.

Karte S. 63

CEMENTERIO DEL COLÓN 24 ★

Der 1872 angelegte Zentralfriedhof von Havanna dehnt sich westlich der Plaza de la Revolución über ein 56 ha großes Gelände aus. Hinter dem gewaltigen Hauptportal beeindrucken marmorne Mausoleen, pompöse Grabkapellen, einge anrührende und manch kitschige Skultpuren sowie die unterirdische Tobiasgalerie mit Felsnischen, in denen Gebeine in Steinkästchen bestattet wurden. Insgesamt fanden schon 1 Mio. Menschen in der »Stadt der Toten« ihre letzte Ruhe. Buchstaben und Zahlen erleichtern die Orientierung im streng geometrischen Wegenetz auf dem Friedhof. Die prachtvollsten Grabstätten befinden sich im Nordteil(Calle Zapata y 12, Tel. (7) 832 1050, tgl. 8–17 Uhr; Lageplan, Führer bei Info rechts vom Haupteingang).

HEMINGWAYS ERBE

1939 fällte Ernest Hemingway die Entscheidung, in Kuba zu bleiben. In die **Finca Vigía** in San Francisco de Paula zog er nur seiner dritten Frau Martha Gellhorn zuliebe – weit weg von seinen Stammlokalen Bodeguita del Medio und El Floridita. Aber der schöne Platz auf dem Hügel, von dem der exzentrische Hochseeangler und Großwildjäger bei gutem Wetter bis zum geliebten Meer sehen konnte, besänftigte ihn. Im Innern der Finca hängen überall Jagdtrophäen und Stierkampfplakate. Ungefähr 9000 Bücher und Zeitungen stapeln sich in Stellagen bis unters Dach. Seine Werke schrieb Hemingway im Schlafzimmer, und zwar im Stehen und barfuß. Im Studio nebenan hortete er Andenken aller Art – Munition, Abzeichen, Waffen und Fotos von seinen drei Kindern. Auch seine Schuhe, Größe 48, hängen noch unter dem Fenster.

Im Esszimmer war der Tisch immer für drei Personen gedeckt: für den Schriftsteller, seine Frau und einen möglichen Gast. Wenn die schwere Eisenglocke der »Vigía« ertönte, wusste die Nachbarschaft, dass die Hemingways Prominenz empfingen – Gary Cooper, Errol Flynn, Ingrid Bergman, Marlene Dietrich und Spencer Tracy waren z. B. zu Gast. Mit Jean-Paul Sartre und Simone de Beauvoir geriet der aufbrausende Macho hier auf ewig in Streit.

Die Finca Vigía hat Hemingway dem kubanischen Volk vermacht; sie wurde als **Museo Casa E. Hemingway** (Tel. (7) 692 0176, Mo–Sa 9–16.30 Uhr, an Regentagen geschlossen) eingerichtet. In dem Haus, in dem Hemingway von 1939 bis 1960 lebte, ist alles so geblieben, wie er es hinterlassen hat. Deshalb dürfen die möblierten Räume nicht betreten, sondern nur durch die offenen Fenster betrachtet werden.

Seit 2002 können amerikanische Wissenschaftler mit finanzieller Unterstützung der Rockefeller-Stiftung Hemingways höchst bedeutenden Nachlass auf Kuba konservieren und auswerten.

HOTELS

Nacional de Cuba €€€
Luxuspalast der 1930er-Jahre, Blick auf Malecón und Meer. Herrlicher Garten. Das Cabaret Parisien ist mit seiner Show eine Alternative zum überteuerten Tropicana.
- Calle 0 esq. a 21 | Vedado
  Tel. (7) 836 3564
  www.hotelnacionaldecuba.com

Santa Isabel €€€
Sehr elegantes Hotel in einem Barockpalast an der Plaza de Armas.
- Baratillo 9 e/ Obispo y N. López
  Habana Vieja | Tel. (7) 860 8201
  www.habaguanexhotels.com

Saratoga €€€
Neoklassizistisches, 1928 errichtetes Traditionshotel. Spitzenrestaurant Anacaona mit maurischem Dekor. Von der Dachterrasse mit Pool toller Blick auf das Capitolio. WLAN in Zimmer und Foyer.
- Prado 603 y Dragones | Centro
  Tel. (7) 868 1000
  www.habaguanexhotels.com

Beltrán de Santa Cruz €€–€€€
Sehr charmantes kleines Hotel im Kolonialstil nahe der Plaza Vieja.
- San Ignacio 411 e/ Muralla y Sol
  Habana Vieja | Tel. (7) 860 8330
  www.habaguanexhotels.com

Raquel €€–€€€
Jugendstilhotel nahe der Plaza Vieja; 25 geschmackvoll eingerichtete Zimmer mit Dekor zu biblischen Themen, Restaurant mit jüdischer Küche, herrliche Art-déco-Bar und tolle Dachterrasse.
- Amargura 103 esq. Ignacio
  Habana Vieja | Tel. (7) 860 8280
  www.habaguanexhotels.com

Hier genoss Hemingway seinen Mojito

Telégrafo €€–€€€
Hotel von 1888 mit sehr modernen Zimmern und erstklassigem Service. Die Hotelbar ist ein beliebter Treffpunkt in Havanna.
- Paseo de Martí 408 esq. a
  Neptuno Centro | Tel. (7) 861 1010
  www.habaguanexhotels.com

Florida €€
25 geschmackvolle Zimmern rund um einen säulengerahmten Patio.
- Obispo 252 esq. a Cuba
  Habana Vieja | Tel. (7) 862 4127
  www.habaguanexhotels.com

Casa Rolando €
Im Herzen der Stadt und im 5. Stock eines Apartmenthauses vermietet Rolando zwei komfortable Zimmer.
- Aguila 314 e/ Neptuno y Concordia
  Havana Centro
  Tel. (7) 867 74 71 | Mobil-Tel. 05 294 05 45
  www.casarolando.com

Der Barmann der La Bodeguita del Medio bereitet die Longdrinkgläser für die Gäste vor

Valencia €

Das aparte 12-Zimmer-Hotel mit dem lauschigen Patio wurde Ende des 18. Jhs. erbaut und ist nur 200 m von der Plaza de Armas entfernt ist.

- Oficios 53 e/ Lamparilla y Obrapía Habana Vieja | Tel. (7) 867 1037 www.habaguanexhotels.com

RESTAURANTS

LA FINCA €€€

Hier kocht Tomas Erasmo vorzügliche kubanische Küche. Gespeist wird in einer idyllisch-grünen Oase. So geschl.

- Calle 140 esq. 19 | Cubanacán Tel. (7) 208 7976

La Guarida €€–€€€

Hier probierte sogar schon die Königin von Spanien, Sophia, kubanische Kreationen der »nueva cocina cubana«. Unbedingt reservieren!

- Concordia 418 e/ Gervasio y Escobar Centro | Tel. (7) 866 9047 www.laguarida.com

Bodeguita del Medio €€

Gemütliche Bar mit kubanischem Restaurant. Hemingway genoss hier seinen Mojito, der inzwischen leider reichlich verwässert aufgetischt wird.

- Empedrado 207 | Habana Vieja Tel. (7) 867 1374

Cocina de Lilliam €€

Das besonders romantische Privatrestaurant serviert schmackhafte Gerichte. So/Mo geschl.

- Calle 48 e/ 13 y 15 | Miramar Tel. (7) 209 6514 www.lacocinadelilliam.com

El Aljibe €€

Das Restaurant ist auf Kubas Leib-und-Magen-Gericht spezialisiert: Hähnchen, das hier in zig Variationen zubereitet wird. Die Adresse hat sich zwar herumgesprochen, das Lokal ist aber ein Klassiker mit riesigem Weinkeller und erstklassigem Service.

- Avenida 7 e/ 24 y 26 | Miramar Tel. (7) 204 1583

El Floridita €€
Moderne, etwas sterile, aber immer volle Bar mit schönem Patio. Hemingway trank hier gern seinen Daiquiri.
- Monserrate 557 esq. a Obispo
  Habana Vieja | Tel. (7) 867 1299
  www.floridita-cuba.com

La Esperanza €€
Wunderschöner Paladar in Jugendstilhaus. Die Küche wird hier mit französischen Akzenten verfeinert. Unbedingt reservieren! Di geschl.
- Calle 16 No. 105, e/ 1ra y 3ra
  Miramar | Tel. (7) 202 4361

San Cristóbal €€
Einer der besten und romantischsten Paladares von Havanna, mit kreativen Gerichten. Reservieren!
- San Rafael 469 | Centro
  Tel. (7) 860 1705

El Chanchullero €–€€
Urig, winzig und supergünstig: Der Tapas-Paladar mit Musik ist beliebt bei jungen Leute aus aller Welt. > **mehr S. 14 Punkt 12**
- Teniente Rey 457 e/ Bernaza y Cristo
  Habana Vieja | Tel. (7) 861 0915
  www.el-chanchullero.com

Helad'oro €
Kleine Eisdiele mit frischen Waffeln und originellen Sorten wie Mojito, Minze und Guave. Tgl. 11–22 Uhr.
- Aguiar 206 e/ Empedrado y Tejadilo
  Habana Vieja | Mobil-Tel. 05 402 7123

SHOPPING

Almacénes de San José
Souvenirs von moderner Kunst bis Kitsch (mit Cadeca-Wechselstube).
- Ave. Desamparados esq. Cuba
  Habana Vieja

Casa del Habano
Treffpunkt echter Zigarrenfans.
- Mercaderes 120 | Habana Vieja
  Mercaderes 202 esq. a Lamparilla
  Habana Vieja

Casa del Ron
Führt besonders viele Rummarken. Wie wärs mit »Paticruzado« oder »Guayabita del Pinar«? Gibts garantiert nicht zu Hause! > **mehr S. 17 Punkt 35**
- Obispo esq. a Bernaza | Habana Vieja

La Maison
Bietet die Kollektionen kubanischer Designer und sogar einen echten Juwelier.
- 7ma Avda esq. Calle 16 | Miramar
  Tel. (7) 204 1543 (Tischbestellung)

Oficina del Historiador
Buchhandlung, viele Bücher über Kuba.
- Calle Mercaderes 11 e/ Obispo y
  Obrapia | Habana Vieja

El Quitrin
Handgestrickte Kleider und weiße, mit Bordüren verzierte Baumwoll-Guayaberas, die in Kuba Anzug und Schlips ersetzen.
- Calle Obispo y San Ignacio
  Habana Vieja

Supermercado 70
Der größte Supermarkt Kubas.
- 3ra. Avenida e/ 62 y 70 | Miramar

Taller Experimental de Gráfica de la Habana
Hochwertige Lithografien und Bilder.
- Callejón del Chorro
  Plaza de la Catedral | Habana Vieja

Weitere Adressen für Kunstliebhaber sind: **Taller de Serigrafía René Portocarrero** (Cuba 513 e/ Brasil y Muralla, Habana Vieja), die staatliche **Galeria La Acacia** (San Martín 114 e/ Industria y Consulado, Centro) und die private **Fundación Ludwig de Cuba** (Calle 13 No. 509, 5to piso, entre D y E, Vedado, www.ludwigstiftung.de).

Percussioninstrumente wie Congas, Maracas, Güiros und Tumbadoras führen folgenden Geschäfte: **Casa de la Música** (Calle 20 No. 3308, Miramar), **Longina Música** (Obispo 362, Habana Vieja), **Música y Instrumentos Musicales** (Calle 18 No. 509, Vedado). > **mehr S. 16 Punkt 33**

MARKTFLAIR À LO CUBANO

- Der Floh- und Büchermarkt auf der **Plaza de Armas** in Havanna Vieja ist eine wahre Fundgrube – vor allem für diejenigen, die Spanisch können. > **S. 57**
- Auf dem Kunsthandwerksmarkt in den **Almacénes de San José** an Havannas altem Hafen kann man stundenlang nach Kitsch, kubanischen Percussioninstrumenten sowie moderner Kunst herumstöbern. > **S. 58**
- Auf dem Souvenirmarkt **Bazar Varadero** bieten die Andenkenstände eine besonders vielfältige Auswahl an Rasseln, CDs, Sonnenhüten, Gemälden, Keramik u. a. Mitbringseln. > **S. 87**
- Musik begleitet einen Bummel über den Touristenmarkt **Bazar Guardalavaca,** auf dem man kunterbunte Malereien und Modeschmuck, aber auch praktische Sonnenhüte und Sarongs findet. Handeln ist Pflicht (außer bei Rum und Zigarren). > **S. 124**

NIGHTLIFE

Ballet Nacional de Cuba

Tanz auf Weltklasseniveau. Reservierung erforderlich.

- Gran Teatro »Alicia Alonso«
  Prado | Parque Central | Habana Vieja
  Tel. (7) 861 3077, (7) 861 3078 und (7) 861 3096
  www.balletcuba.cult.cu

Café Cantante Mi Habana

In dem großen, außerordentlich populären Salsaklub treten die berühmtesten Gruppen der Insel auf (Mo–Sa). LGTB-Night (Sa), Disco (So). > **mehr S. 12 Punkt 1**

- Teatro Nacional de Cuba
  Ave. Paseo esq. a Calle 39 | Vedado
  Tel. (7) 878 4273

Casa de la Música

An beiden Adressen dreht sich alles um Salsa, Son und andere Rhythmen. Gute CD-Auswahl. Konzerte tgl. 17 und 23 Uhr.

- Calle 20 No. 3308, esq. 35
  Miramar
  Tel. (7) 202 6147
- Galiano e/ Concordia y Neptuno
  Centro
  Tel. (7) 860 8296

Club Imagenes

Romantische Bar mit erstklassigen Jazzpianisten und Bolerosängern, spätabends Disco.

- Calzada 602 e/ B y C
  Vedado
  Tel. (7) 833 3606

Nicht alles ist künstlerisch wertvoll auf dem Markt am alten Hafen

Piano Bar Delirio Habanero
Stilvoller Klub, in dem man bis zum Morgengrauen zu sanften Jazz- und Pianoklängen Cocktails schlürfen kann.

- Teatro Nacional de Cuba | Vedado
  Tel. (7) 873 5713

Salón Rosado Beny Moré im Club Tropical
Einer der beliebtesten Tanzadressen Havannas. Auf die Chillout-Galerie flüchten sich Gäste, denen es auf der Tanzfläche zu riskant wird, wenn eine der großen Salsagruppen auftritt und die Menge tobt.

- Avenida 41 y 46 | Playa | Tel. (7) 206 1281

Tropicana 2
Legendäres Kabarett mit aufwendigen Tanzvorführungen auf einer Open-Air-Bühne. Zwei Ensembles mit ca. 200 Tänzern bieten die perfekte Show. Einlass ab 20.30, Beginn 22 Uhr. Kleidung nicht zu salopp. Eintritt ca. 75–95 CUC, Foto- und Videoaufnahmen kosten extra. Bei Regen keine Vorstellung! Nur mit Reservierung oder Onlineticket!

- Calle 72 No. 4505 e/ 41 y 45
  Marianao
  Tel. (7) 267 1717 und (7) 267 1719
  www.cabaret-tropicana.com

AKTIVITÄTEN

- Im **Callejón de Hamel,** einer Gasse in Centro Habana gar nicht weit vom Malecón, herrscht am Sonntagnachmittag die schiere Rumba-Manie. Dann versammeln sich hier Kubanerinnen und Kubaner jeden Alters, um zu tanzen und zu trommeln.
- Salsa erlernen kann man im Tanzstudio **La Casa del Son** (Empedrado 411 e/ Compostela y Aguacate, Habana Vieja, Tel. (7) 861 61 79, www.bailarencuba.com).
- Sehr beliebt sind auch die Tanzkurse des **Conjunto Folklórico Nacional**, einer der besten Tanzgruppen Kubas, die außerdem beim Sábado de la Rumba im Gran Palenque jeden Sa 15–17 Uhr eine Folkloreshow für 5 CUC zeigt (Calle 4, No 103 e/ Calzada y 5ta, Vedado, Tel. (7) 831 3467, www.lahabana.com).

Karte S. 54

AUSFLUG ZU DEN PLAYAS DEL ESTE

Etwa 20 km östlich der City ziehen sich am kristallblauen Atlantik die sieben schönen Sandstrände der Playas del Este entlang. Über die Autobahn sind sie schnell zu erreichen. Gleich jenseits von Plattenbausiedlungen befindet sich »die Badewanne der Habaneros« – blaues Wasser, blauer Himmel –, ein Sonnenparadies mit Palmenidyll, wo sich die kubanische und amerikanische Bourgeoisie in den 1950er-Jahren luxuriöse Sommervillen errichtete. Die schönsten Strände sind die von **Guanabo** und **Santa María del Mar** ★. Letzterer ist der beliebteste Strand mit den meisten Hotels. Auf einer Breite von 17 bis 57 m kann man auf dem feinen Sand herrlich spazieren gehen, zwischen Lagunen, Kokospalmen und Mangroven picknicken oder einfach nur faulenzen. Per Boot erreicht man im Nu die vorgelagerten Korallenriffe.

Die übrigen beiden Strände, **Jibacoa** und **Trópico**, sind durch eine schroffe Felsküste von der eigentlichen Strandzone abgetrennt. Sie liegen in der Nähe des Fischerdorfes Santa Cruz del Norte.

UNTERKÜNFTE

Memories Jibacoa €€€

Gehobenes All-inclusive-Strandhotel für Gäste ab 16 Jahren, angenehm ruhig.

- Playa Arroyo Bermejo
  Santa Cruz del Norte | Tel. (47) 29 5122
  www.memoriesresorts.com

Nancy Pujol Ramos €

Nette Kubanerin bietet ein älteres Haus (zwei Schlafzimmer) direkt über den Felsen am Meer mit Terrasse zum Garten, sehr ruhig, für Selbstverpfleger geeignet.

- 1ra No. 50019 e/ 500 y 504 | Guanabo
  Tel. (07) 796 3062
  Mobil-Tel. (05) 425 9682
  E-Mail: nabeji49@gmail.com

Bei Sonnenuntergang endet der Strandtag an den Playas del Este nahe Havanna allmählich

DER WESTEN

Per Fahrrad lassen sich Zwiebeln bestens zu den Kunden transportieren

Menschenleere Strände, sattgrüne Berge, die traumverlorene Karstkegellandschaft von Viñales, riesige Tropfsteinhöhlen und das Tabakdreieck Vuelta Abajo prägen die Provinz Pinar del Río im Westen Kubas.

Nirgendwo ragen so viele Palmen empor wie im Westen Kubas, etwa die schlanke Königspalme mit ihren fein gefiederten Blättern. Kupferrot leuchtet die fruchtbare Erde. Und am Himmel kreisen Truthahngeier.

Eine Glanzleistung der Natur sind die *mogotes,* die grün bewachsenen Kalksteinkegel im Tal von Viñales, das sich bei Dämmerung in eine Märchenlandschaft verwandelt. Hier kommen Kletterer und Höhlenwanderer auf ihre Kosten. Die Provinzhauptstadt Pinar del Río fabriziert feine Zigarren.Tabak gedeiht im nahen Vuelta Abajo.

Weiter östlich laden die spektakuläre Berglandschaft der Sierra de los Órganos und die kühlen Wälder der Sierra del Rosario, ein Dorado des Ökotourismus, zu ausgedehnten Radtouren ein, während auf Cayo Levisa vor der Nordküste und in María La Gorda ganz im Südwesten puderzuckerfeine Strände und fischreiche Tauchgründe locken.

TOUR IM WESTEN

TOUR 3

MIT DEM RAD NACH VIÑALES

ROUTE: Havanna › Playa Baracoa › Reserva de la Biosfera Sierra del Rosario/Las Terrazas › Soroa › San Diego de los Baños › Parque Nacional La Güira › Cueva de los Portales › Cueva del Indio › Viñales

KARTE: Seite 74
DAUER: 4–5 Tage

PRAKTISCHE HINWEISE:

- Bei Radtouren jede Menge Wasser, Proviant, Flickzeug und mindestens 3 Ersatzschläuche einpacken.
- Wer mit dem Bus von Viñales oder Pinar del Río nach Havanna zurückfahren will: Viazul-Busse nehmen Räder gegen Gebühr mit.
- Auch Fluglinien nehmen Räder mit.
- Die Strecken der Radtour sind für Autos zum Teil gesperrt!

TOUR-START:

Von Havanna geht es am Malecón entlang zum Jachthafen Marina He-

Im Tal von Viñales sind nur Hauptstraßen asphaltiert, auf denen auch Busse verkehren

mingway und weiter zum schönen Strand Playa Baracoa, wo man den Nachmittag verbringt (ca. 30 km, 2 Std.; Privatquartier › S. 32).

Am 2. Tag radelt man frühmorgens los, parallel zur Autopista auf der Carretera del Norte bis zum Hafen Mariel., dann nach Cabañas, wo man in die Berge der Reserva de la Biosfera Sierra del Rosario › S. 74 abbiegt (ca. 60 km, 4–5 Std.; Ökohotel Moka bei Las Terrazas › S. 74).

Am 3. Tag geht es 15 km auf einer Bergpiste (für Autos gesperrt) mit teils weggebrochener Straße (Räder ggf. schieben) nach **Soroa** 1 › S. 74. Hier warten der wunderschöne Orquideario und ein erfrischender Wasserfall. Die Weiterfahrt über die Autopista (bis km 90) und die Carretera Central nach San Diego de los Baños ist gemütlich (ca. 75 km, 6–7 Std.; Privatquartier › S. 32).

Am 4. Tag fährt man durch die spektakuläre Berglandschaft des **Parque Nacional La Güira** › S. 79, die für die Schlaglochpiste bis La Palma entschädigt. Ein möglicher Abstecher führt zur **Cueva de los Portales** 6 › S. 79, Che Guevaras Befehlsstand während der Kubakrise. Anschließend fährt man weiter über La Palma durch das wunderbare **Valle de Viñales** 3 › S. 76, wo die Karstkegel in der späten Nachmittagssonne beonders fotogen leuchten, bis in den Ort Viñales › S. 77. Unterwegs kann man außerdem noch bei der **Cueva del Indio** 4 › S. 78 halten (ca. 70 km, 7–8 Std.).

Wer mag, verlängert die Tour um einen Tag und fährt die Bergstraße von Viñales nach **Pinar del Río** 2 › S. 75 (28 km, 1,5 bis 2 Std.).

VERKEHRSMITTEL

Viazul-Busse fahren von Havanna über Pinar del Río nach Viñales. Von dort verkehrt die **Viñales Bus Tour** zu diversen Sehenswürdigkeiten (ab Kirchplatz, tgl. 9 bis 17.30 Uhr, alle 1–2 Std., 5 CUC).

UNTERWEGS IN KUBAS WESTEN

SOROA 1 3 D2

Das Dorf liegt in der **Reserva de la Biosfera Sierra del Rosario,** einem UNESCO-Biosphärenreservat einer Mittelgebirgskette in der Provinz Artemisia, in. Hier wurde 1943 ein **Botanischer Garten** angelegt. Auf 35 000 m² gedeihen über 25 000 Pflanzenarten. Neben Magnolien, Palmen, Hibiskussträuchern, Philodendren, Farnen aus aller Welt gibt es ein **Orquideario** mit 700 Orchideenarten, davon 250 endemische (tgl. 8.30–16.30 Uhr).

In der Nähe plätschert ein Wasserfall, der in die Thermen **Baños romanos** mündet. Dem schwefelhaltigen Wasser spricht man heilende Wirkung zu. In Soroa gibt es viele, teils sehr gute Privatunterkünfte in ländlicher Atmosphäre.

Inmitten der üppig bewaldeten Hügellandschaft gibt es ein Ökotourismusprojekt in **Las Terrazas,** 10 km östlich Soroas. Im Angebot ist auch Canopying (25 CUC/Pers.) über den Baumwipfeln und dem Lago del San Juan. Acht Wanderwege (Länge 3–20 km, nur mit Guide) locken mit herrlicher Aussicht, vogelreicher Fauna und erfrischendem Bad in den Baños del San Juan. › **mehr S. 15 Punkt 24**

HOTEL

Moka €€

Architektonisch hübsch in den umliegenden Naturpark eingepasst. Besonders

TOUR IM WESTEN

TOUR 3

MIT DEM RAD NACH VIÑALES

Havanna › Playa Baracoa › Reserva de la Biosfera Sierra del Rosario/Las Terrazas › Soroa › San Diego de los Baños › Parque Nacional La Güira › Cueva de los Portales › Cueva del Indio › Viñales

freundlicher Service. Ein Pool bietet die perfekte Erfrischung.

- Complejo Turístico Las Terrazas
  Tel. (48) 57 8600
  www.lasterrazas.cu

RESTAURANT

Cafetal Buenavista €€

Hervorragendes Essen in einer stillgelegten Kaffeeplantage des frühen 19. Jh. mit angenehmer *música campesina* (tgl. 11.30 bis 15 Uhr). > **mehr S. 14 Punkt 18**

- Complejo Turístico Las Terrazas

PINAR DEL RÍO 2 C2

Trotz ihrer 190 000 Einwohner mutet die Provinzhauptstadt am Fuße der Sierra de los Órganos sehr ländlich an. Vor ihrer Gründung 1571 standen hier, daher der Name, Kiefernwälder *(pinus cubensis)*, die später zugunsten von Tabakfeldern abgeholzt wurden. Neben einigen anderen neoklassizistischen Gebäuden ist das **Teatro Milanés** von 1845 das beste Beispiel für die typi-

Karte S. 74

sche Säulenarchitektur der Stadt. Dieses repräsentative Gebäude unterstreicht den Stolz des Bürgertums, das durch den Tabak zu Reichtum gelangt war. Bei seinem Bau wurden die besten kubanischen Edelhölzer verwendet (Martí 60, Tel. (48) 75 3871 tgl. 9–17 Uhr).

Die erste Tabakfabrik in Pinar del Río wurde 1760 gegründet. Bei einem Besichtigung der **Fábrica de Tabacos Francisco Donatien** nahe der Plaza de la Independencia lernen Besucher viel über die manuelle Produktion edler Zigarren. Man sieht den Arbeitern auf die Hände und kann die von ihnen fabrizierten Tabakwaren anschließend im Laden der Fabrik einkaufen (Maceo 157, Tel. (48) 77 3069, Mo–Fr 10–12, 13–16, Laden auch Sa/So 9–12 Uhr). › mehr S. 15 Punkt 22

Im benachbarten **Caracol-Laden** erhält man den Likör aus Guayabita, einer kleinen Guavenart und andere Souvenirs. › mehr S. 17 Punkt 37

HOTEL

Vueltabajo €€

Altbau im Stadtzentrum. Restaurant mit internationaler Küche. Von dem Islazul-Hotel Pinar del Río ist abzuraten!

- Martí 103 | Pinar del Río
  Tel. (48) 75 9381 | www.islazul.cu

RESTAURANT

Rumayor €

Das zum gleichnamigen Nachtklub (Shows Fr–So 23 Uhr) gehörende Restaurant serviert *pollo ahumado*, geschmortes Huhn, und saftige Rindersteaks (Mo geschl.).

- Ctra. a Viñales, km 1
  Tel. (48) 76 3051

VALLE DE VIÑALES

3 ★4 C2

Wenn man von Pinar del Río gen Norden nach Viñales fährt, gelangt man in die bei Kletterern beliebte merkwürdige Welt der Gebirgskette **Sierra de los Órganos.** Aus der Ebene des **Viñales-Tals** ragen einzelne, bis zu 400 m hohe Kalksteinfelsen, die *mogotes*, empor. Die bizarren, grün überwucherten Hügel sind 160 Mio. Jahre alt und heißen im Volksmund »Elefantenrücken«. Sie sind das Ergebnis tropischer Kalksteinverwitterung. An den Rissen im Gestein lösen Boden- und Pflanzensäuren Kalkpartikel heraus, die der Regen abträgt. › mehr S. 12 Punkt 2

Kurz vor Viñales biegt man links ab, um zu einem schrillen Kunstwerk zu gelangen, zum **Mural de la Prehistoria** im Nachbartal Valle de las Dos Hermanas. Zur Erinnerung an das Alter der *mogotes* bemalte man hier eine 120 m hohe Felswand. Mit bunter Kreide wurden »prähistorische« Urmenschen und -tiere festgehalten. Die Idee dazu hatte Fidel Castros Lebensgefährtin Celia Sánchez Manduley (Ctra. a Pons, km 4, Tel. (48) 79 3394, tgl. 8–18 Uhr).

HOTELS

Los Jazmines €€

Hier genießt man den schönsten Ausblick auf die bizarren Felsen. Mit Pool.

- Ctra. Pinar del Río, km 25 | Viñales
  Tel. (48) 79 6205
  www.hotelescubanacan.com

EDLER QUALM

Ein Tabakbauer testet die Qualität seiner Ernte im Trockenschuppen

Im *Vuelta Abajo* zwischen Pinar del Río, San Luis und San Juan y Martínez herrschen klimatisch perfekte Bedingungen für den Tabakanbau. Hier wird der weltbeste und teuerste Tabak geerntet. Kleinbauern, die *vegueros*, bestellen die Felder.

Nach drei Monaten sorgsamer Pflege beginnt die Ernte. Die Blätter werden einzeln gepflückt und bündelweise in den *casas de tabaco* an Holzgestellen zum Trocknen aufgehängt. Dann werden sie in den Fabriken von Havanna fermentiert.

Frauen verrichten die Hauptarbeit. Die *escogedoras*, die Qualitätsprüferinnen, und die *rezagas*, die Frauen, die die Zentralrippen aus den Blättern heraustrennen, sitzen wie im Klassenzimmer an langen Arbeitstischen aus Holz. Die hochspezialisierten *torcedores*, Zigarrendreher, bringen die Einlageblätter für die Zigarre in Form, legen mehrere in einen Rillenkasten und pressen sie für ca. 25 Minuten. Mit den besten Blättern wird die Zigarre umwickelt. Das Runden der Kuppe, die mit der *chaveta*, einem scharfen Rundmesser, aus dem Deckblatt geschnitten wird, erfordert Fingerspitzengefühl. Die Qualität des Deckblatts entscheidet über den Preis.

Die mit dünnen Faden gebündelten Zigarren werden dann bei konstanter Temperatur gelagert, je nach Durchmesser und Länge sortiert in *coronas, regalías, brevas, panetelas, cadetes oder punchenellos. Corona* ist die dicke Standardform.

Alle echten kubanischen Marken wie *Partagas, H. Upmann, Montecristo, Cohiba, Romeo y Julieta* erhalten eine *vitola* (Banderole).

La Ermita €€
Das Hotel steht auf einem Hügel und die Zimmer mit Balkon bieten tolle Blicke auf die *mogotes*.
- Ctra. de la Ermita, km 2 | Viñales
Tel. (48) 79 6071

RESTAURANTS

Balcón del Valle €–€€
Paladar mit bodenständig kubanischer Küche und herrlichem Blick über das Tal von Viñales.
- Ctra. de Viñales, km 23 | Viñales
Mobil-Tel. (48) 52 23 8969

LANDSCHAFT GRATIS

- Kubas schönste Morgen- und Abendstimmungen in der exotischen Karstkegellandschaft von **Viñales.** › S. 76
- Das traumhafte **Valle de Yumurí** bei Mantanzas. › S. 90
- **Sierra del Escambray:** eine kühle Berglandschaft mit Wasserfällen, Badeteichen und würziger Luft. › S. 109
- **Serpentinenstraße »La Farola«** zwischen Guantánamo und Baracoa – Panorama vom Feinsten mit Regenwald und Meer. › S. 121
- Atemberaubende Ausblicke von der **Küstenstraße am Südhang der Sierra Maestra** zwischen Santiago und Pilón. › S. 128
- Der Blick vom Gipfel der **Gran Piedra** bei Santiago. › S. 143
- Unberührte Regenwälder mit einzigartiger Flora im **Humboldt-Nationalpark.** › S. 147

Palenque de los Cimarrones €€
Kreolische Speisen in einem als Wehrdorf geflohener Sklaven gestalteten Ambiente. Tgl. 12–16 Uhr, abends nur Gruppen.
- Ctra. a Puerto Esperanza, km 36
Viñales | Tel. (48) 79 6290

AUSFLÜGE VON VIÑALES

CUEVA DEL INDIO 4 C2

Von den vielen Höhlen im Viñales-Tal ist die 1 km lange, durch einen unterirdischen Fluss ausgewaschene Cueva del Indio die meistbesuchte. Sie soll den Taínos als Versteck vor Kolumbus und seinen Männern gedient haben. Mit viel Fantasie erkennt man in den angestrahlten Tropfsteingebilden, was die Führer suggerieren: Seepferd und Leguan.

GRAN CAVERNA DE SANTO TOMÁS 5 C2

Mehr als acht »Stockwerke« tief und 45 km lang, zählt das faszinierende Höhlensystem südwestlich von Viñales zu den größten weltweit. Bei der Führung (90 Min.) steigt man mit Helm und Lampe in die unbeleuchtet Höhlen ab. Spezialtouren für Höhlenkundler führen über Leitern und Seile in die Tiefe (tgl. 9–16 Uhr, Touren: Escuela Nacional de Espeleologia, Viñales, Tel. (48) 77 1014 oder 79 3145).

CUEVA DE LOS PORTALES 6 C2

Die Karsthöhle mit Flüsschen in der schönen Berglandschaft des **Parque Nacional La Güira** ist ein Muss für

Bisher ist der Strand von María La Gorda nur bei wenigen Touristen bekannt

Revolutionstouristen. Che Guevara richtete hier seinen Befehlsstand ein, als in der Nähe sowjetische Mittelstreckenraketen stationiert wurden. Zusammen mit anderen Revolutionären erwartete er hier im Oktober 1962 den Atomkrieg. 1987 wurde die Höhle zum Nationaldenkmal erklärt.

CAYO LEVISA 7 ★ C1

Von Palma Rubia fährt ein Schiff in 25 Minuten zur Insel hinüber. Dort lockt ein herrlicher, kaum erschlossener Sandstrand. Eine kleine Tauchbasis bietet Ausflüge an (hin: 10 und 18, zurück: 9 und 17 Uhr; Tagestour inkl. Lunch ca. 35 CUC).

HOTEL

Villa Cayo Levisa €€

Nette, kleine Bungalowanlage mit einem Restaurant und einer Bar. Allerdings gibt es häufig Wasserprobleme, und bei Sturm bleibt die Anlage geschlossen.

- Cayo Levisa | Tel. (48) 75 6501 www.hotelescubanacan.com

MARÍA LA GORDA 8 A3

Etwa 140 km südwestlich von Pinar del Río liegt die Halbinsel Guanahacabibes (Zugang durch eine Schranke nur mit Pass). Wo die beiden Kaps San Antonio und Corrientes die Bahía de Corrientes formen, liegt der 8 km lange Strand »Dicke Maria«. Für Naturfreunde, Individualisten und Taucher lohnt die weite Anreise.

HOTEL

Villa Maria La Gorda €€

Relaxen und Tauchen in völliger Abgeschiedenheit.

- Tel. (48) 77 8131 www.gaviota-grupo.com

VARADERO & DIE PROVINZ MATANZAS

Von Varadero aus liegt gleich hinter dem Horizont, nur 160 km entfernt, Key West im US-Bundesstaat Florida

Varadero ist mit seinem kilometerlangen Sandstrand das touristische Sahnestück der Provinz Matanzas. An die Südküste und auf die sumpfige Halbinsel Zapata zieht es vor allem Naturfreunde und Taucher.

Varadero auf der Halbinsel Hicacos ist *das* Touristenzentrum Kubas. Zwischen Lagunen, Korallensand und Mangrovenwäldern entwickelte sich hier eine für die Einheimischen unerreichbare Luxuswelt.

Die Provinz Matanzas wirkt ansonsten wie eine endlose Zuckerplantage, auf der die *macheteros,* die Zuckerrohrschneider, von November bis Mai bei der Ernte schuften.

Dagegen ist die Zapata-Halbinsel menschenleer. Die wild-romantischen Mangrovensümpfe kann man im Boot erkunden. In der Ciénaga leben viele Fisch- und Vogelarten.

Vor der Südküste der Provinz Matanzas liegen die Isla de la Juventud, Insel der Jugend und Mekka der Taucher, sowie Cayo Largo, das karibische Strandfreuden fernab vom kubanischen Alltag verspricht.

TOUREN IN DER REGION

TOUR 4

KÜSTENTRÄUME AN DER VIA BLANCA

ROUTE: Varadero > Matanzas > Cuevas de Bellamar > Valle de Yumurí > Playas del Este > Havanna > Varadero

KARTE: Seite 83
DAUER: 1–2 Tage
PRAKTISCHE HINWEISE:

- Bis Havanna (140 km westl.) fahren Viazul- und Conectando-Cuba-Busse. Oder man vereinbart mit einem Taxifahrer einen Pauschalpreis.
- Bus oder Taxi bieten sich an, wenn man eine Strecke mit dem historischen »Hershey-Zug« fahren möchte. Er verkehrt unregelmäßig zwischen der Estación de Casablanca in Havanna und Matanzas und benötigt dreieinhalb Stunden. Die ratternde Fahrt durch Zuckerrohrfelder und das schöne Yumurí-Tal ist ein Vergnügen für Eisenbahnfans. Der Zug hält an 40 kleinen Stationen (Infos bei Cuba Real Tours, www.cubareisen.eu, oder am Bhf. Casablanca).
- Organisierte siebenstündige Ausflüge mit Bus und Zug ab Havanna finden Sonntag statt (www.transhershey.com, ca. 110 US$/Pers.).

TOUR-START:

Man fährt am Morgen mit der Sonne im Rücken von **Varadero** 1 › S. 84 über die Laguna de Paso Malo an der teils felsigen, teils sandigen Küste entlang nach **Matanzas** 2 › S. 88. Wenige Kilometer südlich liegt der berühmte Höhlenkomplex der **Cuevas de Bellamar** 3 › S. 89, für dessen Besichtigung man auf jeden Fall eine Stunde einkalkulieren sollte. Von Matanzas geht es weiter in nordwestliche Richtung, um von der Brücke Puente de Bacunayagua den herrlichen Blick ins **Yumurí-Tal** 4 › S. 90 zu genießen. Am schönsten ist es hier in der Abenddämmerung, aber auf der Rückfahrt geht es ohnehin wieder über die Brücke. Anschließend gelangt man auf der Küstenstraße Via Blanca nach Havanna › S. 52. Unterwegs bieten sich mehrere Abstecher zu den Stränden der Playas del Este › S. 70 an. Die Rückfahrt erfolgt auf gleicher Strecke.

Das Yumurítal nahe Matanzas

TOUR 5

ZUCKERROHRFELDER UND SÜMPFE

ROUTE: Varadero › Cárdenas › Guamá › Zapata-Halbinsel › Playa Larga › Playa Girón

KARTE: Seite 83
DAUER: 2 Tage
PRAKTISCHER HINWEIS:

- Busse sind nicht praktikabel, man benötigt einen Mietwagen.

TOUR-START:

Die ca. 160 km lange Fahrt beginnt in **Varadero** 1 › S. 84. Es geht an der Bahía de Cárdenas entlang, in der das abgefackelte Gas der Ölförderanlagen gelegentlich für einen fauligen Geruch sorgt. Durch das verschlafene Cárdenas und weiter gen Süden überholt man Fußgänger, Fahrradfahrer, Pferde- oder Ochsenkarren, manchmal auch einen Lkw, aber nur selten ein anderes Auto. Die Zuckerrohrfelder enden bei Jagüey Grande an der Abzweigung zum Naturschutzgebiet der **Zapata-Halbinsel** 5 › S. 90. Nach einem Halt in der Ferienanlage Guamá › S. 91, die wie ein indianisches Pfahldorf gestaltet ist, geht es weiter über **Playa Larga** 7 › S. 92 nach **Playa Girón** 8 › S. 92 in der **Bahia de Cochinos** 6 › S. 91, wo ein Museum die Geschichte der Invasion in der Schweinebucht dokumentiert.

VERKEHRSMITTEL

- Der internationale Flughafen von Varadero (Juan Gualberto Gómez, Tel. (45) 24 7015) wird von diversen deutschen Städten aus angeflogen. Mit Taxi (ca. 100 CUC) oder Bus (ca. 10 CUC) gelangt man auch nach Havanna. Viazul- und Cubanacán-/Transtur-Busse pendeln mehrmals täglich zwischen Varadero, Matanzas, Havanna bzw. Varadero und Jagüey Grande (Zapata-Halbinsel). Die **Varadero Beach Tour** fährt von den Hotels in die Stadt Varadero (tgl. 9–20.30 Uhr, 42 Stopps, Tagesticket: 5 CUC)
- Auf die Isla de la Juventud fliegt man von Havanna 45 Min. (Flughafen Rafael Cabrera Mustelier, Tel. (46) 32 2690). Zudem verkehren Tragflügelboote von Puerto Surgidero de Batabanó, 50 km südlich von Havanna, nach Nueva Gerona, dem Hauptinselort (2 Std.).
- Cayo Largo ist nur per Flugzeug zu erreichen: ab Havanna 35 Min., ab Varadero 40 Min. Es werden aber auch Direktflüge aus europäischen Städten zum internationalen Flughafen Vilo Acuna (Tel. (45) 24 8141) angeboten. > **mehr S. 18 Punkt 39**

TOUREN IN DER REGION

TOUR 4

KÜSTENTRÄUME AN DER VIA BLANCA

Varadero › Matanzas › Cuevas de Bellamar › Valle de Yumurí › Playas del Este › Havanna › Varadero

TOUR 5

ZUCKERROHRFELDER UND SÜMPFE

Varadero › Cárdenas › Guamá › Zapata-Halbinsel › Playa Larga › Playa Girón

UNTERWEGS IN DER REGION

VARADERO 1 F1–G1

Der lange, feine Sandstrand von Varadero (20 000 Einw.), der besonders beliebt bei den Urlaubern ist, wird von einer Reihe Hotels gesäumt. › mehr S. 17 Punkt 38

Architektonische Schönheiten in der Stadt sind die Holzvillen reicher Pflanzerfamilien, die Ende des 19. Jhs. auf der Halbinsel den Strandtourismus in Mode brachten. Andere hübsche, Häuser stammen aus der Zeit um 1900, als sich der Ort zum mondänen Tummelplatz US-amerikanischer Millionäre entwickelte. Der französische Chemiefabrikant Irénée Du Pont de Nemours erwarb 1926 praktisch die ganze Halbinsel Hicacos nördlich von Varadero für nur vier Centavos pro Quadratmeter. Du Pont parzellierte die Grundstücke und verkaufte den Quadratmeter für bis zu 120 Pesos an reiche amerikanische Industrielle, Politiker und Mafiosi, die ein riesiges Villenghetto anlegten. Abgeschirmt vom Rest der Welt, verkehrten hier Kubas korrupte Politiker und Diktatoren und erledigten ihre dubiosen Geschäfte mit ausländischen Freunden. Andere Kubaner waren fortan an den Stränden Varaderos nicht mehr zu sehen, es sei denn mit Schürze und Serviertablett.

Heute ist es beinahe wieder genauso. Nur abseits der Hotelzone kommt man dem kubanischen Leben ein wenig auf die Spur. Am auffälligsten sind die Männer, die um ihre Cadillacs in Bonbonrosa, Himmelblau und Quietschrot herumstehen. Die stolzen Besitzer der betagten US-Schlitten sind Meister der Improvisation.

Ruhig wird Varadero am Abend, wenn viele Einwohner in ihren Schaukelstühlen auf den Veranden den Müßiggang genießen. Wer ein paar Brocken Spanisch spricht, knüpft leicht Kontakt mit den Einheimischen, besonders im Freizeitpark **Parque Retiro Josone** (Ave. 1ra esq. 58, Tel. (45) 66 7228). › mehr S. 13 Punkt 8

MANSIÓN XANADÚ 5

Zur Spitze der Halbinsel Hicacos hin liegt auf einer Anhöhe direkt über den Klippen inmitten schöner Gärten das 1959 verstaatlichte palastähnliche Sommerhaus des Multimillionärs Du Pont, das man wie ein Museum besichtigt.

Für den Bau seiner Villa soll Thomas Coleman Du Pont 1929 alles in allem 1,3 Mio. Dollar ausgegeben haben. Im Erdgeschoss befanden sich ein großer Speisesaal, mehrere Gesellschaftsräume, ein Teeraum, eine Bibliothek und ein Büro. Einer der insgesamt neun Schlafräume im ersten Stock war für die polnische Geliebte des Multimillionärs reserviert. Unter dem Dach befand sich seine Bar, im Keller ein gut sortierter Weinkeller. Die Orgel, die der Hausherr für eine seiner vier Töchter anschaffte, kostete ihn stolze

Der lang gestreckte Sandstrand von Varadero eignet sich bestens für Spaziergänge

110 000 Dollar. In der Garage der Familie Du Pont hatten sieben Autos Platz.

Längst wurde Du Ponts Villa in die Luxusherberge **Mansión Xanadú** umgewandelt mit sechs sehr edel eingerichteten Zimmern, die vor allem von Golfern gebucht werden und deren Ausstattung leider etwas in die Jahre gekommen ist. Das französische Spezialitätenrestaurant **Las Americas** im Haus ist auf Seafood spezialisiert. In der Sunset-Bar **Casa Blanca** mit dem tollen Panoramablick gibt es Livemusik (Ctra. Las Américas km 8,5, Tel. (45) 66 8482, www.varaderogolfclub.com; Führungen tgl. 10 Uhr).
› mehr S. 16 Punkt 30

CUEVA DE AMBROSIO

Diese Felsenhöhle wurde 1961 etwa 5 km nördlich von Du Ponts Villa an einer Klippe, 8,5 m über dem Meeresspiegel, entdeckt. Archäologen und Ethnologen fanden über 40 Felszeichnungen der Ureinwohner. Teils sind auch afrikanische Figuren zu erkennen, woraus Wissenschaftler schließen, dass schwarze Sklaven hier später heimlich ihre Kulte praktizierten (Autopista Sur, km 16, Tel. (45) 61 3594, tgl. 9–17 Uhr).

HOTELS

MELIÁ LAS AMÉRICAS €€€

First-Class-Hotel der spanischen Kette neben Du Ponts Villa, mit Zugang zum Golfklub. › mehr S. 13 Punkt 5

- Autopista del Sur | Varadero
  Tel. (45) 66 7600
  in Deutschland: Tel. 01802/12 17 23
  und 069/80 92 13 26 | www.meliacuba.de

Royalton Hicacos Resort & Spa €€€

Romantisches Hoteldorf auf der Spitze der Halbinsel Hicacos, insbesondere bei Wellnesstouristen und Paaren in den Flitterwo-

Die vielen Touristen in Varadero versprechen den Strandhändlern gute Geschäfte

chen beliebt. Verwöhnprogramm, ausgezeichneter Service, sehr gute Restaurants. Nur Suiten.

- Ctra. Las Morlas km 15
  Tel. (45) 66 8844 | Varadero
  www.royaltonresorts.com

Sol Palmeras €€

All-inclusive-Resort mit gepflegtem Palmengarten und gefälliger spanisch-karibischer Architektur. Familienfreundliche Atmosphäre. Strand und Golfplatz in der Nähe.

- Ctra. las Morlas
  Playa de las Américas
  Varadero | Tel. (45) 66 7009
  in Deutschland: Tel. 01802/12 17 23
  www.meliacuba.de

Sol Sirenas Coral €€

Gepflegtes Hotel mit Klubcharakter; Swimmingpool und Animationsprogramm nur 80 m vom Strand enfernt.

- Ctra. de las Américas | Varadero
  Tel. (45) 66 8070
  in Deutschland: Tel. 01802/12 17 23
  www.meliacuba.de

Casa Leila €

Sehr begehrte Unterkunft: Zwei private Apartments mit Küche und Hollywoodschaukel im Garten – und nur 50 m vom Strand entfernt!

- Calle 57 No. 6 | Varadero
  Tel. (45) 66 9241

Dos Mares €

Eine Nacht kann man es durchaus in dem einfachen Hotel mit 32 Zimmern im Ortskern aushalten. Das angeschlossene Hotel Pullman allerdings ist nicht empfehlenswert.

- Calle 53 y Avenida 1ra
  Varadero | Tel. (45) 61 2702
  www.islazul.cu

RESTAURANTS

Dante €€€

Gilt als eines der besten italienischen Restaurants auf Kuba. Exzellente Weinkarte.

- Parque Josone | Varadero
  Tel. (45) 66 7228

El Meson del Quijote €€
Feine spanische Speisen mit kubanischer Musikbegleitung in einer alten Mühle.
- Avenida de las Américas | La Torre
  Tel. (45) 66 7796

La Gruta €–€€
Teils in einer Höhle untergebracht; preiswerte, köstliche Fleischspieße und Hummer. Tgl. 15.30–22.30 Uhr.
- Avenida Primera esq. a Calle 56
  (im Parque Josone) | Varadero
  Tel. (45) 66 7224

Ranchón Cielo Mar €–€€
Uriges Strandlokal in einer Holzhütte mit preiswertem kubanischem Essen, sogar die Langusten sind vergleichsweise günstig.
- Calle 57 | Varadero

Salsa Suárez €–€€
Man sitzt wie in einer grünen Gartenlaube: wechselnde leckere Gerichte wie *Pescado al limon* oder *Risotto King Crab*, gute Weinauswahl.
- Calle 31 No. 103 | Varadero
  Tel. (45) 61 2009

El Bodegón Criollo €
Kreolische Imbissgerichte unter Palmen.
- Avenida de la Playa, esq. A Calle 40
  Varadero
  Tel. (45) 66 7784

SHOPPING

Bazar Varadero
Großer Markt mit Souvenirs, Kunsthandwerk und Gemälden an der Hauptstraße. Tgl. 9–18 Uhr.
- Ave. 1ra e/ Calle 44 y 46 | Varadero

Centro Comercial El Caimán
Das kleine Einkaufszentrum bietet eine hübsche Auswahl an Schmuck, Kleidung, außerdem Alkoholika, Tabakwaren, Parfüms und Souvenirs. Tonträger, Noten und Musikbüchern führt der gut sortierte Laden Max Music.
- Ave. 1era e/ Calle 61 y 62
  (gegenüber dem Hotel Cuatro Palmas)
  Varadero

El Quitrín
Schöne Stickereien, Strickkleider und Guayaberas, alles echte Handarbeit. Guayaberas sind höchst praktische, luftige Herrenhemden, vorzugsweise aus reiner Baumwolle, mit vielen Taschen.
- Ave. 1ra e/ Calle 55 y 56
  (am Parque Josone) | Varadero

Galeria de Arte
Breite Auswahl an Kunsthandwerk.
- Ave. 1ra y Calle 59 (neben der Keramikwerkstatt am Parque Josone)
  Varadero | Tel. (45) 66 8260

Taller de Cerámica Artística
Erstklassige Keramik! Außerdem kann man den jungen Leuten in der Werkstatt bei der Arbeit zusehen. Erstaunlich preiswert sind Tafelgeschirr und Teller der weithin bekannten Künstler Osmany Betancourt, Alfredo Sosabravo und Sergio Roque.
- Ave. 1ra y Calle 59 (am Parque Josone)
  Varadero

NIGHTLIFE

Casa de la Música
Hier treten die besten Reggaeton-, House- und Salsabands Kubas auf, meist tolle Stimmung, man sitzt bequem an Tischen (Vorsicht: Langfinger!). Auch CDs gibt es zu kaufen.

Tgl. ab ca. 23 Uhr, Konzerte meist Sa, So, Mo und Mi.

- Ave. Playa esq. 42 | Varadero
  Tel. (45) 66 3888

La Comparsita

Eine der heißesten Adressen in Varaderos Nachtleben, mit spätabendlichem *cabaret espectaculo*. Viel einheimisches Publikum. Karaokebar im 1. Stock.

Tgl. 23 bis 3 Uhr morgens geöffnet.

- Calle 60 esq. Ave. 3ra | Varadero
  Tel. (45) 66 7415

Palacio de la Rumba

Beliebte große Disco mit Livekonzerten der berühmtesten kubanischen Bands.

- Ave. de las Américas km 4
  Varadero | Tel. (45) 66 8210

AKTIVITÄTEN

- Sehr beliebt sind die feuchtfröhlichen Schnorchelausflüge zu dem kleinen Eiland **Cayo Blanco**. Der Rum ist inbegriffen. Während sich auf dem Katamaran »Crucero del Sol« (je nach Dauer 45 bis 100 CUC) mindestens 40 Gäste drängen, genießen auf der nur 10 CUC teureren Jacht meist bloß eine Handvoll Passagiere ihr Sonnenbad, sodass mehr Zeit mit den Delfinen an der Insel bleibt (Start: Marina Chapelin, Tel. (45) 66 7550, comercial@marlin.var.cyt.cu).
- Aufregend sind die Tandemsprünge von einem russischen Doppeldecker vom **Centro Internacional de Paracaidismo (Club de Aviación)**, Vía Blanca, km 1,5, Tel. (45) 66 6282, www.skydivingvaradero.com. > **mehr S. 13 Punkt 7**
- Kite- und Windsurfen kann man bei der **Cuba Kiters Surf School** lernen (im Hotel Club Karey, Haus 12, Ave. Kawama, www.cubakiters.com).

MATANZAS 2 ★ F1

Trotz ihrer vielen Fabriken ist die Hauptstadt der gleichnamigen Provinz eine der stimmungsvollsten und schönsten Städte Kubas. Die Ende des 17. Jhs. gegründete Hafenstadt erlebte zunächst mit Tabak, später dann mit Zucker einen enormen Aufschwung. In Sachen Wirtschaft und Kultur nahm sie schnell eine Vorreiterrolle ein. Nicht selten kamen nationale Trends aus der Ideenschmiede matanzanischer Intellektueller.

Diese vergangene Blütezeit hat im »Athen Kubas« deutliche Spuren hinterlassen. Im alten Stadtkern mit seinen engen Gassen, die im Schachbrettmuster angelegt wurden, stehen noch einige hübsche, teils restaurierte Prachtbauten mit Säulen und schmiedeeisernen Türen aus der Zeit des Zuckerbooms im 19. Jh.

Wie in jeder spanischen Kolonialstadt gruppiert sich das Zentrum um die **Parque de la Libertad** genannte Plaza. Er wird überragt von der **Catedral San Carlos**, einem großen, neoklassizistischen Bau von 1878. Früher gab es an der Plaza ein Casino, in dem der *danzón* Kubas, ein sehr beliebter Gesellschaftstanz, 1871 erstmals gespielt wurde. Heute beherbergt es eine Bibliothek.

Die Hauptattraktion am Platz ist das **Museo Farmacéutico** in einer ehemaligen Apotheke. Hinter den meterhohen Regalen aus Zedernholz vermutet man noch den alten Dr. Triolet in seiner Alchemistenstube beim Zusammenrühren der

Bühnendramen im neoklassizistischen Rahmen garantiert das Teatro Sauto

verschiedenen Heilmittel nach eigenen Rezepturen. Tatsächlich konnte man hier bis 1964 selbst hergestellte Pillen und Salben kaufen. Seit der Eröffnung der Apotheke 1882 hatte der Medikus eine riesige Sammlung von Flakons und Porzellandosen aus Böhmen und Frankreich zusammengetragen. Außerdem sind hier jede Menge Destillierkolben, Mörser, Waagen und ärztliches Handwerkszeug ausgestellt (Tel. (45) 24 3179, Mo bis Sa 10–17, So 10–12 Uhr).

Ein Stück östlich des Platzes unterstreicht das 1862 erbaute, stattliche **Teatro Sauto,** in dem einst Sarah Bernhardt auftrat, die kulturelle Bedeutung der Stadt. Der Geldgeber namens Sauto setzte sich mit dem verschnörkelten, neoklassizistischen Gebäude selbst ein Denkmal. Die klassischen Musik- und Theaterabende in dem Haus mit 775 Sitzen sprechen ein eher elitäres Publikum an (Plaza de la Vigía, Tel. (045) 24 2721, tgl. 9–17, Aufführungen Fr–So 20.30 Uhr).

Schräg gegenüber steht die **Casa de la Trova,** in der auch die beiden berühmten Rumba-Ensembles von Matanzas auftreten.Besonders während des Festival del Bailador Rumbero, meist Mitte Oktober, dreht sich alles um die Rumba.

AUSFLUG: CUEVAS DE BELLAMAR 3 F1

5 km südöstlich von Matanzas entdeckten Sklaven, die in einem Kalksteinbruch arbeiteten, 1861 diesen Höhlenkomplex, der heute der größte in Kuba zugängliche ist. Das unterirdische Dunkel galt früher als

das Reich des Satans. Um die 3 km lange Höhle begehbar zu machen, wurden Mitte des 20. Jhs. Tausende Tonnen Felsgestein beiseitegeräumt und drei Wochen lang Wasser herausgepumpt. Zum Vorschein kam eine faszinierende Welt mit seltenen Kristallgebilden, z. B. der 12 m hohe »Kolumbusmantel«, der wie ein Vorhang in Falten liegt. Die größte Felsenhöhle ist die 80 m lange und 25 m breite »Gotische Kammer«. Kleinen Besuchern dürfte die Sonderführung gefallen, bei der es mit einer Grubenlampe am Kopf durch dunkle Höhlenabschnitte geht (Tel. (45) 25 2538, tgl. 9–12 und 13.15 bis 16.15 Uhr, stdl. 45-Min.-Führungen 5 CUC, Sonderführungen 8 CUC).

VALLE DE YUMURÍ 4 F1

Obwohl der **Puente de Bacunayagua** Teil einer Schnellstraße ist, kann man auf ihm ruhig anhalten – oder man folgt der Abzweigung zum **Mirador de Bacunayagua**, dem Aussichtspunkt oberhalb der Autopista mit Imbisslokal und Souvenirständen (Vía Blanca, km 180, tgl. 8–20 Uhr).

Von hier oben wirkt das Yumurí-Tal wie ein perfektes Gemälde: üppige Palmenhaine, am Himmel kreisende schwarze Truthahngeier und die weiß-blaue Küste. In die Kalksteinschlucht hat sich der Fluss Yumurí gegraben, der, von Mangroven umgeben, schließlich in den Atlantik mündet. Schon Alexander von Humboldt geriet bei diesem Anblick ins Schwärmen.

ZAPATA-HALBINSEL

5 E2–F3

Der Nationalpark **Ciénaga de Zapata** erstreckt sich über eine Fläche von 6000 km² und ist damit das größte der sechs UNESCO-Biosphärenreservate in Kuba. In der einzigartigen Naturlandschaft der Mangrovensümpfe, in der *ciénaga* (span.: Sumpf, Moor), leben 87% aller auf Kuba beheimateten Vögel. Mit Glück und Ausdauer bekommt man sogar den seltenen *Zunzuncito,* den mit 63 mm kleinsten Vogel der Welt, zu sehen. Krokodilen gibt es kaum noch, dafür sind Mücken in großen Schwärmen unterwegs. Fernglas und Mückenschutz nicht vergessen! (Nationalparkbüro Empresa Forestal Intergral Ciénaga de Zapata/International Bird Watching Center, Ctra. de Playa Larga, km 33, ca. 300 m nördl. von Playa Larga, Tel. (45) 98 7248, Mo–Fr 8–16.30, Sa 8–12 Uhr, Infos und Führer).

CRIADERO DE COCODRILOS

Früher tummelten sich in diesem Gebiet zahllose Krokodile, inzwischen wurden sie von Jägern fast ausgerottet. Dem wirkt die nach eigenen Angaben zweitgrößte Krokodilfarm der Welt im Touristenzentrum **La Boca** entgegen. Die rund 2500 Krokodile in den Gehegen sorgen nicht nur für den Erhalt der Art, sondern auch für Nachschub in Nobelboutiquen – kein unbedenkliches Unternehmen (Ctra. a Ciénaga de Zapata km 19, Tel. (45) 91 5666, tgl. 9–17 Uhr, 5 CUC).

An der Playa Larga östlich der Zapata-Halbinsel zeigt Kuba deutlich Flagge.

GUAMÁ

Von La Boca aus geht es mit dem Motorboot 30 Minuten durch Bambus und Schilf. Ein künstlicher Kanal mündet in die **Laguna del Tesoro** (Schatzsee). Der Legende nach sollen von den Spaniern verfolgte Taíno hier Gold versenkt haben; gefunden wurde es nie.

Nach Überqueren der Lagune erreicht man die idyllische, als indianisches Pfahldorf erbaute Ferienanlage **Villa Guamá**. Marode Brücken verbinden 12 künstliche Inselchen mit 50 leider abgewohnten Bungalows. Die Vogelwelt ist fantastisch, doch in der Dämmerung kommen die Moskitos (Tel. (45) 91 5551, www.hotelescubanacan.com; €).

RESTAURANT

Das **Ranchón** (€) von La Boca serviert spezielle kubanische Küche. > **mehr S. 15 Punkt 20**

GRANDIOSE TAUCHPLÄTZE

- **María la Gorda** im äußersten Südwesten der Provinz Pinar del Río. > S. 79
- Cenotes und Korallenriffe rund um die **Playa Larga** östlich der Zapata-Halbinsel. > S. 92
- **Cabo Francés** im Südwesten der Isla de la Juventud mit besonders bunter Unterwasserwelt. > S. 94
- Korallengärten und Cayos der **Jardines de la Reina** vor der Südküste bei Trinidad. > S. 108
- Wracktauchen und Haifütterung am Korallenriff vor der **Playa Santa Lucía.** > S. 117
- Langes Korallenriff westlich von **Guardalavaca,** vor den Stränden Don Lino und Playa Blanca. > S. 124

Karte S. 83

IN DER SCHWEINE-BUCHT 6 F2–G3

15 km südlich von La Boca gelangt man zur **Bahía de los Cochinos.** Der Invasionsversuch der Amerikaner und Exilkubaner gehört zu einer der bekanntesten Episoden des Kalten Kriegs. Heute erinnern 80 kleine Monumente entlang der Straße zur **Playa Larga** 7 F2 an die blutige Schlacht von 1961. Riesige Plakate in der Landschaft erinnern an das erfolgreiche Kapitel der kubanischen Geschichte. Auf halbem Weg sollten Schnorchler und Taucher die Gelegenheit nutzen, in den Cenote (Felsbecken) der **Cueva de los Peces** mit kristallklarem, kühlem und fischreichem Wasser zu springen. Tauchgänge organisiert das Club Octopus Diving Center beim Hotel Playa Larga. In Playa Larga lockt ein schöner ruhiger Strand.

35 km südöstlich, im Dorf **Playa Girón** 8 G3, dokumentiert das **Museo de la Intervención** den US-amerikanischen Invasionsversuch des Jahres 1961. Auch ein einmotoriger kubanischer Jagdbomber ist ausgestellt (Tel. (45) 98 4122, tgl. 8–17 Uhr).

Einige Kilometer östlich findet man am felsigen Küstenabschnitt **Caleta Buena** ein Korallenriff mit glasklarem türkisfarbenem Wasser: ein Paradies für Taucher.

HOTELS

Villa Playa Girón €€

300 Zimmer am Strand, nichts für Anspruchsvolle, bei Ornithologen beliebt.

- Tel. (45) 98 72 06
  www.hotelescubanacan.com

Mirtha Navarro Gonzalez €

Zwei einfache Zimmerchen mit separatem Eingang, Klimaanlage und Bad in einer Casa im Dorf und 500 m vom Strand.

- Entroque Playa Larga | Tel. (45) 98 7315

DIE INVASION IN DER SCHWEINEBUCHT

Im Januar 1961, zwei Jahre nach der Machtübernahme Fidel Castros, brach der amerikanische Präsident Eisenhower die diplomatischen Beziehungen zu Kuba ab. Kennedy führte den harten Kurs gegen das Land weiter, um das Regime zu destabilisieren. Am 15. April 1961 wurde Havanna von der US-Luftwaffe bombardiert, doch Castro war informiert und hatte Kuba in Alarmbereitschaft versetzt. Zwei Tage später, am 17. April, landete in der **Bahía de los Cochinos** eine von der CIA ausgebildete Invasionstruppe von rund 1400 Exilkubanern. Ihr Ziel war der Sturz Fidels. Doch die Operation gegen schlecht ausgerüstete Kubaner geriet innerhalb von 72 Stunden zum Fehlschlag. Die Insulaner standen zur Revolution. Auch der Wirtschaftsboykott der USA fruchtete nicht. Von da an setzte Fidel auf die Hilfe der Sowjetunion und stellte Chruschtschow im Gegenzug die Insel vor Amerikas Haustür als Militärbasis zur Verfügung.

Diese Kinder in Nueva Gerona tragen die landesweit einheitliche Uniform der Mittelschüler

ISLA DE LA JUVENTUD

9 6 D3

Nur 70 km vor der kubanischen Südküste liegt Kubas größte Nebeninsel, die Isla de la Juventud, quasi als Anker des **Canarreos-Archipels,** dessen riesige Korallenbänke Tauchern großartige Erlebnisse versprechen. Der Sumpfgürtel **Ciénaga de Lanier** teilt die 2200 km² große, fruchtbare Insel in zwei völlig unterschiedliche Landschaftsräume: Berge, Plantagen und Siedlungen im Norden, Wald im Süden. Mit Mangobäumen, Kokospalmen und Pampelmusenhainen gilt die Insel als der Obstgarten Kubas.

Vom 16. Jh. an diente die *islita* Piraten, die das spanische Handelsmonopol zu brechen versuchten, als

Schlupfwinkel und Operationsbasis. 1628 erbeutete der Holländer Piet Heyn von den Spaniern 15 Mio. Gulden. Der Engländer Sir Francis Drake lauerte in den Buchten den Goldgaleonen aus Peru und Mexiko auf. Henry Morgan hatte hier ein geheimes Lager mit 700 Kumpanen und zwölf Schiffen. Und die Isla de la Juventud soll den Schriftsteller Robert Louis Stevenson zu seinem Abenteuerroman »Die Schatzinsel« (1883) inspiriert haben.

Die gesamte Insel südlich der Höhe von **Cayo Piedra** (Checkpoint!) ist militärisches Sperrgebiet, kann aber bei geführten Touren besucht werden (Ecotur, Calle 24 esq. 47, Nueva Gerona, Tel. (46) 32 7101, www.ecoturcuba.tur.cu, 25 CUC).

NUEVA GERONA

Der Hauptort **Nueva Gerona** ist ein provinzielles Nest ohne nennenswerte Sehenswürdigkeiten. 70000 der 85000 Inselbewohner leben in der Stadt, darunter die Arbeiter der Zitrusplantagen und Marmorsteinbrüche, außerdem Holzfäller und Köhler.

PRESIDIO MODELO

Das interessanteste Monument der Insel ist der **Presidio Modelo** 5 km östlich von Nueva Gerona. Der Gebäudekomplex, der heute als Geschichtsmuseum dient, war bis zur Revolution ein gefürchtetes Gefängnis. Der berühmteste Insasse, Fidel Castro, saß hier wegen des Angriffs auf die Moncada-Kaserne 19 Monate ein (Tel. (46) 32 5112, Mo–Sa 8–16, So 8–12 Uhr).

FINCA EL ABRA

Nationalheld José Martí wurde wegen aufrührerischer Reden 1870 auf die **Finca El Abra,** 2 km südlich von Gerona an der Carretera de Siguanea, gebracht, wo er einige Jahre in Hausarrest lebte. Im Hauptgebäude der Farm sind Martís Schlafzimmer und persönliche Gegenstände zu besichtigen (Tel. (46) 32 6206, Di bis So 9–17 Uhr).

PUNTA DEL ESTE

Am schönsten Strand der Insel im Südosten, Punta del Este, wurden 1922 in einer 20 m² großen Höhle indianische Malereien gefunden, die zu den bedeutendsten der Karibik zählen. Wände und Decke sind voller schwarzer und roter Zeichnungen. Experten deuten die Kreise als eine Form der Zeitmessung, die geheimnisvollen Deckenmalereien als Darstellung der Sternenbewegung. Touren organisiert Ecotur (Calle 24 esq. 47, Nueva Gerona, Tel. (46) 32 7101, www.ecoturcuba.tur.cu).

CABO FRANCÉS

Beim Taucherparadies **Cabo Francés** im Westen der Insel fällt der Inselsockel am Kap auf über 1000 m Tiefe ab, die Wassertemperaturen bewegen sich um 25 °C im Winter und 29 °C im Sommer. Wegen der Korallenriffe, der farbenprächtigen Meeresfauna und -flora wird das Revier selbst unter Tauchern mit höchsten Ansprüchen als eine der besten Adressen weltweit gehandelt. Das **International Scuba Diving Center** im Hotel El Colony steuert

Berühmtester Insasse des Gefängniskomplexes Presidio Modelo war Fidel Castro

bei seinen Ausflügen 56 ausgewiesene Tauchzonen an. Außer Tieftauchern kommen aber auch Schnorchler und Strandwanderer hier voll auf ihre Kosten. > mehr S. 12 Punkt 3

HOTELS

El Colony €€

Sämtliche Zimmer mit Blick auf Palmenund Meer. Mit Tauchzentrum am Cabo Francés, Tennis, Reiten, Surfen.

- Ctra. Siguanea, km 41 | Playa Roja
  Tel. (46) 39 8181
  www.hotelcolony.com

Villa Isla de la Juventud €

Kleines, schön gelegenes Hotel mit Pool und Disco in Flughafennähe.

- Autopista, km 2,5 | Nueva Gerona
  Tel. (46) 32 3290

RESTAURANTS

El Galeon €

Hier gibt es den *guachi*, einen Pampelmusenschnaps. > mehr S. 14 Punkt 15

- Calle 24 e/ 47 y 45 | Nueva Gerona
  Mobil-Tel. 053 50 9128

La Insula €

Bestes Restaurant für Urlauber.

- Calle 39 esq. a 22 | Nueva Gerona
  Tel. (46) 32 1825

CAYO LARGO 10 F3

Die nur etwa 27 km lange, schmale Badeinsel bildet den östlichen Außenposten des Canarreos-Archipels. Obwohl viel kleiner als die Isla de la Juventud, ist sie touristisch stärker ausgebaut. Das Ferienzentrum mit einer Handvoll Hotels in der Insel-

Karte S. 93

mitte garantiert Natur pur – lange, einsame Sandstrände für Sonnenanbeter, herrliche Korallenriffe für Taucher und ein Vogelreservat für ornithologisch Interessierte.

Die Strände **Lindamar, Blanca** und **Paraíso** an der Südküste sind zwar erschlossen, bieten aber alle sehr wenig Schutz vor der Sonne. Mit dem Zug *trencito*, der häufig durch klimatisierte Reisebusse ersetzt wird, oder per Shuttleboot (tgl. mehrmals ab Marina Marlín) gelangt man zum populärsten Badestrand: Die **Playa Sirena** liegt am Westzipfel der Insel. Hier ist das Meer am ruhigsten, und man kann kilometerweit am Ufer entlanglaufen, ohne einen Menschen zu treffen. Geht man mit nassen Füßen durch den Sand, sehen sie bald aus wie gepudert – so fein ist der Sand. Wen Strandspaziergänge weniger begeistern, der kann die **Schildkrötenfarm** an der Marina Marlín besuchen.

Innerhalb des Ferienzentrums gibt es ein Tauchzentrum, eine Bank, eine Arzt und eine Apotheke, Jeepverleih, Taxistand sowie das Open-Air-Lokal Taberna del Pirata. Von der Playa Sirena oder dem Anleger Marina Marlín werden verschiedene Ausflüge in die Umgebung angeboten. Übrigens: Im Winter genießt man unter Wasser eine klarere Sicht, im Sommer entdeckt man dafür aber mehr Fische.

Ab etwa 18 Uhr, wenn es dunkel wird, schwärmen die Moskitos aus. Lange Kleidung und Mückenschutzmittel sollten daher bei keinem Ausflug fehlen.

HOTELS

Playa Blanca Beach Resort €€€

All-inclusive-Hotel mit einem umfangreichen Sportangebot.

- Cayo Largo
  in Deutschland: Tel. 0800 664 4423
  www.iberostar.com

Sol Cayo Largo €€€

Komfortabel ausgestattetes Klubhotel mit einem breit gefächerten Animationsprogramm.

- Cayo Largo | Tel. (45) 24 8260
  in Deutschland: 0180/21 21 72
  www.meliacuba.de

Sol Pelícano €€

All-inclusive-Hotel in schöner Strandlage mit 300 komfortablen Zimmern, die um einen Pool angeordnet sind.

- Playa Lindamar | Cayo Largo
  Tel. (45) 24 8333
  in Deutschland: 0180/21 21 72
  www.meliacuba.de

RESTAURANTS

Ranchón Playa Sirena €€

Unter diesem Namen gibt es zwei nette Beachbars am traumhaften Strand (Boot, Shuttlebus oder *trencito* von den Hotels) mit kreolischer Küche und leckeren Cocktails. Tgl. tagsüber, nur Mi und Do 20 bis 22 Uhr: »Cena Caribeña«, eine tolle BBQ-Party, bei der es außer hervorragenden Langusten Musik, Tanz und eine Feuershow gibt. > **mehr S. 15 Punkt 19**

- Playa Sirena | Cayo Largo

Taberna del Pirata €–€€

Fangfrische Langusten und Fische, gewürzt mit reichlich Seeluft und kreolischer Musik.

- Marina Marlín | Cayo Largo
  Tel. (45) 24 8213

ZENTRALKUBA

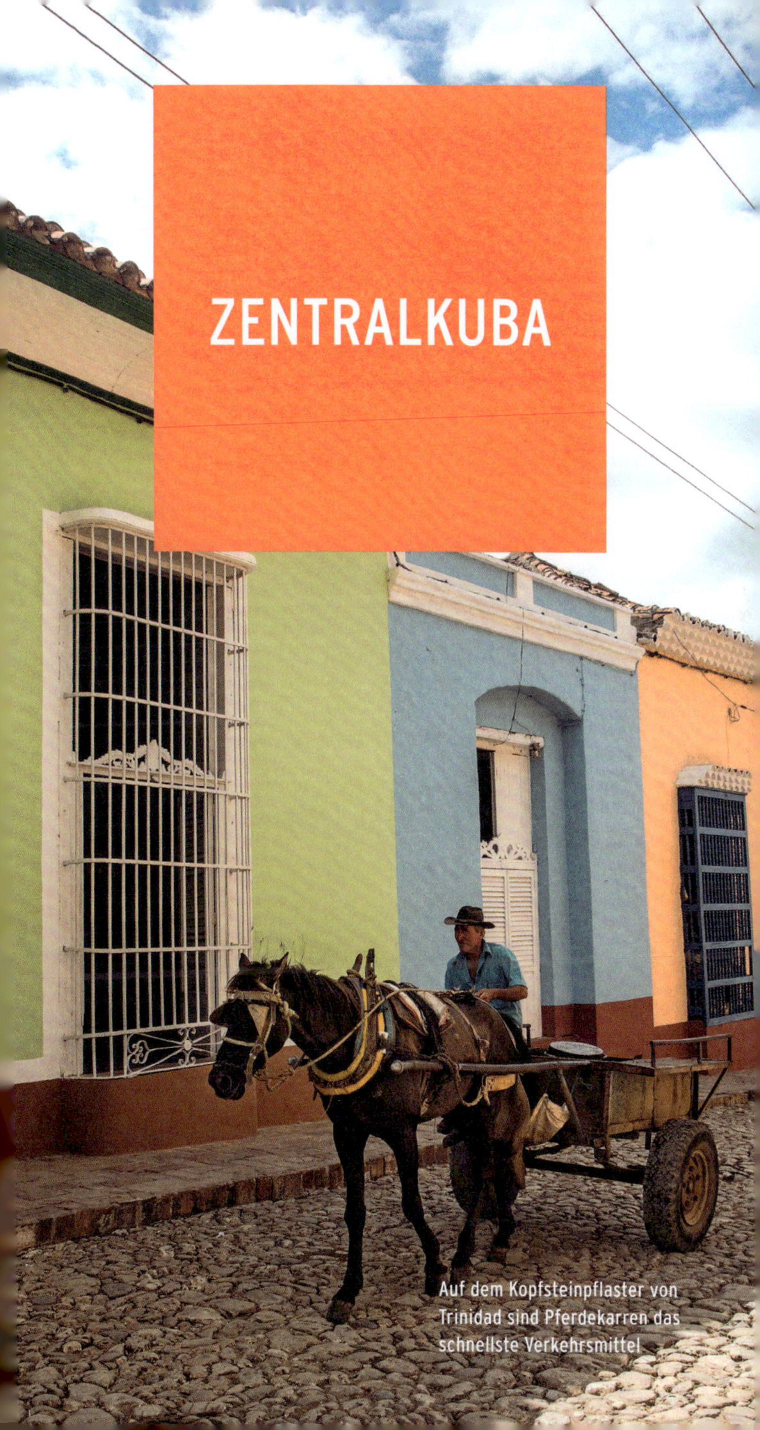

Auf dem Kopfsteinpflaster von Trinidad sind Pferdekarren das schnellste Verkehrsmittel

Von den spanischen Kolonialherren geprägte Altstädte, Che Guevaras letzte Ruhestätte und die Trauminseln der Cayería del Norte sorgen für den Reiz der von riesigen Zuckerrohrfeldern und saftigen Rinderweiden geprägten Mitte Kuba.

An die malerische Jagua-Bucht liegt die von Franzosen gegründete Provinzhauptstadt Cienfuegos mit ihrem klassizistisch geprägten Zentrum. Jenseits der Escambray-Berge lässt das schmucke Trinidad die Atmosphäre zur Zeit der Zuckerbarone lebendig werden. Da es in der Nähe auch einen schönen Strand gibt, quartieren sich viele gleich mehrere Tage in Trinidad ein.

Fast so hübsch, aber weniger überlaufen ist Sancti Spíritus. In Santa Clara pilgert man zum Mausoleum von Che Guevara, bevor man durch die idyllischen Gassen im spanischen Kolonialstädtchen Remedios schlendert. Auch in das Architekturjuwel Camagüey, das durch Viehzucht reich wurde, hat sich schon so mancher verliebt. Noch heute grasen in der gleichnamigen Provinz die besten Rinder Kubas, doch ihr Fleisch können sich Einheimische kaum leisten.

Zahllose *cayos,* Koralleninseln mit schneeweißen Stränden, säumen die zentralkubanische Nordküste, ein Paradies für Naturliebhaber und Wassersportler.

TOUREN IN ZENTRALKUBA

TOUR 6

KOLONIALE SCHÄTZE

ROUTE: Cienfuegos > Trinidad > Valle de los Ingenios > Sancti Spíritus > Santa Clara > Cienfuegos

KARTE: Seite 99
DAUER: 3–4 Tage
PRAKTISCHE HINWEISE:

- Mit Strandaufenthalten länger!
- Zwischen Cienfuegos und Trinidad bzw. Santa Clara verkehren Viazul-Busse.

TOUR-START:

Von **Cienfuegos** 1 > S. 101 fährt man auf der schönen küstennahen Straße am besten nachmittags mit der Sonne im Rücken nach **Trinidad** 2 > S. 105. Im April überqueren Tausende roter Krebse paarungsbereit und todesmutig die Straße, von denen viele unter breiten Lkw-Reifen verenden. Darüber freuen sich die Truthahngeier, denn so einfach kommen sie selten an Futter. Im warmen Abendlicht und am frühen klaren Morgen ist Trinidad besonders fotogen und man entgeht den Massen an Tagestouristen, die sich dann auf den Kopfsteingassen drängen. Am besten fährt man nachmittags durch das **Valle de los Ingenios** 3 › S. 108 mit seinen historischen Zuckermühlen, um **Sancti Spíritus** 6 › S. 110 im Abendlicht zu genießen. Am nächsten Vormittag geht es weiter nach **Santa Clara** 7 › S. 110. Im Anschluss an einen Besuch des Che-Guevara-Monuments fährt man zurück nach Cienfuegos, um den Sonnenuntergang auf dem Malecón zu erleben und sich danach ins Nachtleben zu stürzen.

TOUR IN ZENTRALKUBA

TOUR 6

KOLONIALE SCHÄTZE

Cienfuegos › Trinidad › Valle de los Ingenios › Sancti Spíritus › Santa Clara › Cienfuegos

Karte S. 114

TOUR 7

HIGHLIGHTS DER PROVINZ CAMAGÜEY

ROUTE: Cayo Coco › Morón › Ciego de Ávila › Camagüey › Playa Santa Lucía

KARTE: Seite 114
DAUER: 3–5 Tage
PRAKTISCHE HINWEISE:

- Zwischen Cayo Coco (Checkpoint: 2 CUC), Morón und Ciego de Ávila verkehren Shuttlebusse, zwischen Ciego und Camagüey komfortable Viazul-Busse, und zwischen Camagüey und Playa Santa Lucía besteht wieder ein Shuttleservice.
- Es gibt Bootstouren ab Playa Santa Lucía auf das Cayo Sabinal.

TOUR-START:

Von **Cayo Coco** 10 › S. 113 geht es über die Dammstraße *(pedraplén)* ins kleine Städtchen Morón. Dort gibt es attraktive Privatunterkünfte › S. 32, in denen viele Besucher der Cayos gern übernachten.

Ansonsten geht es weiter in die unspektakuläre Provinzhauptstadt **Ciego de Ávila.** Aber gearde hier lernt man mangels echter Sehenswürdigkeiten wahrscheinlich am besten einen unverfälschten kubanischen Alltag kennen.

Die meisten Touristen fahren ohne Übernachtung auf der gut ausgebauten Carretera Central in die 110 km südöstlich gelegene charmante Stadt **Camagüey** 11 › S. 115 weiter, in der man mindestens einen Tag verbringen sollte. Das verwinkelte, von Kolonialarchitektur geprägte Zentrum wartet mit mehreren hübsch restaurierten Hotels auf.

Am dritten Tag lockt wieder das Meer. In einer guten Stunde erreichen Sie, 110 km nordöstlich von Camagüey, den Ferienort **Playa Santa Lucía** 13 › S. 117, wo es einen Traumstrand (allerdings mit Seegras) und einige eher einfache Hotels gibt. Der schönere Strand ist die Playa Los Cocos, die sich etwas abseits der Hotels erstreckt. Dort bieten private Casas Unterkünfte an › S. 32. Außerdem kann man von Playa Santa Lucía aus bequem Bootsausflüge, z B. per Katamaran auf das **Cayo Sabinal** 12 › S. 117 mit dem markanten Leuchtturm unternehmen. Sonnen- und Badefreunde wissen die feinen Sandstrände zu schätzen.

VERKEHRSMITTEL

- **Viazul- und Cubanacán/Transtur-Busse** fahren von Havanna, Santiago bzw. Varadero nach Cienfuegos, Trinidad und Santa Clara. Der Viazul-Bus von Havanna nach Santiago hält in Sancti Spíritus, Ciego de Ávila sowie in Camagüey.
- Die **Züge** zwischen Havanna und Santiago halten in Santa Clara.
- Es gibt außerdem **Inlandflüge** von Havanna nach Santa Clara, Cienfuegos, Ciego de Ávila und Camagüey.
- Auf dem internationalen **Flughafen** von Cayo Coco (Tel. (33) 30 9165) landen Charterflüge vor allem aus Kanada sowie Inlandsflüge aus Havanna und Santiago.

UNTERWEGS IN ZENTRALKUBA

CIENFUEGOS 1 ★ H3

Die etwa 170 000 Einwohner zählende Hauptstadt der gleichnamigen Provinz liegt malerisch an einem Naturhafen der Jagua-Bucht. Ein 300 m breiter Durchlass verbindet diese mit dem Meer.

Die Stadtgründung erfolgte 1819 durch den spanischen Gouverneur José Cienfuegos. Wegen der vielen Zuckerplantagen in der Umgebung waren die schwarzen Sklaven den Weißen zahlenmäßig weit überlegen. Deswegen förderte der Gouverneur die Einwanderung französischer Siedler aus Bordeaux sowie aus New Orleans und Florida, die sich an der Bucht niederließen.

Im modernen Hafen von Cienfuegos wird nach wie vor Zucker verladen. Außerdem ist hier eine Ölraffinerie in Betrieb. Ihren Reichtum verdankt die Stadt aber auch der Herstellung von Schnaps sowie Tabak, tropischen Früchten und Zement. Dennoch beeinträchtigen weder die Fabriken noch Plattenbauten im neueren Teil von Cienfuegos den Charme des historischen Stadtkerns, der 2005 von der UNESCO zum Weltkulturerbe erklärt wurde.

Nur wenige Jahre nach ihrer Gründung hatte 1825 ein Wirbelsturm die Stadt niedergefegt. Sie wurde danach auf dem Reißbrett geplant und mit einem Straßennetz im Schachbrettmuster neu angelegt.

Comandante Che Guevara ist die zentrale Symbolfigur der kubanischen Revolution

Mitte Juli feiert Cienfuegos das einwöchige **Festival Naútica,** mit Fischerparaden, Ruder- und Segelregatten.

AN DER PLAZA MARTÍ

Mittelpunkt der Stadt ist die begrünte Plaza Martí, auch **Parque Martí** genannt, die mit ihren Löwen aus weißem Stein und den reich verzierten Prachtbauten den Wohlstand der französischen Einwanderer im 19. Jh. bezeugt. Auf dem Platz steht ein glücksbringender Kapokbaum, und der Musikpavillon verbreitet ein fast kurstädtisches Flair. Die 1869 fertiggestellte Steinkathedrale wirkt mit ihren ungleichen Türmen hingegen etwas verunglückt.

Mehr Aufmerksamkeit erregt das **Teatro Tomás Terry,** das 1890 errichtet wurde und etwa 750 Sitzplätze hat. Von einigen stilistischen Unsicherheiten abgesehen, hat der Bauherr und Milliardär Terry einen recht ansehnlichen Musentempel erbauen lassen. Zur Eröffnung wurde Verdis »Aida« aufgeführt; später feierten hier u. a. Caruso und Sarah Bernhardt Triumphe. Für die Innenausstattung mussten kubanische Edelhölzer herhalten, die vergoldete Decke des Zuschauerraums ist mit romantischen Himmelsszenen bemalt. Das mehrfach restaurierte Theater ist ein Zentrum für kulturelle, gesellschaftliche und politische Ereignisse in der Provinz (Tel. (43) 51 3361, tgl. 9–17 Uhr).

Auf der anderen Seite des Platzes steht der neoklassizistische kuppelgekrönte **Palacio del Ayuntamiento.** Hier hat der *Poder Provincial* (Provinzialregierung) seinen Sitz.

ZUR PUNTA GORDA

Der Boulevard **Prado** (Calle 37) führt bis zur Spitze der Halbinsel **Punta Gorda.** Den einstigen Reichtum ihrer Besitzer lassen viele Villen in dem früheren Nobelviertel

Baseball oder Boxen sind populärer als Fußball, der aber auch hier seine Fans hat

nur noch erahnen. Am Wochenende machen die Einheimischen am Malecón zwischen Calle 32 und 36 Party unter freiem Himmel mit viel Musik und kleinen Bars.

Der imposante **Palacio de Valle** spiegelt beispielsweise die 1,5-Mio.-Dollar-Investition seines spanischen Bauherrn wider. Im Inneren ist inzwischen ein Restaurant untergebracht › S. 103. Der Palast ist ein Abklatsch der maurischen Architektur sowie verschiedener anderer Stile – vier Jahre, bis 1917, war ein italienischer Architekt damit beschäftigt, zu vermischen, was nicht zusammengehört. Aber der Blick von der Dachterrasse auf die Bucht ist großartig. (tgl. 9.30–23 Uhr)

Von hier aus ist auch das **Castillo de Jagua** zu sehen, die kleine Befestigungsanlage mit den steinernen Rundkuppeltürmen am Eingang der Bucht. Das Kastell sollte die Stadt vor Piraten schützen, die auf ihrem Weg von und zur Isla de la Juventud hier vorbeisegelten (Tel. (43) 96 5402, tgl. 9–17 Uhr).

PLAYA RANCHO LUNA

Der Reiz von Cienfuegos' Hausstrand (18 km südöstl.) liegt in den attraktiven Tauchplätzen 5–15 Min. vor der Küste. Das Hotel **Faro de Luna** bietet Tauchzentrum, Wasserski-, Katamaran- und Surfbrettverleih, außerdem Bootsausflüge (Ctra. Pascaballo 18).

JARDÍN BOTÁNICO DE CIENFUEGOS

Ein Abenteuer für jeden Naturfreund ist der Botanische Garten nahe der Hauptstraße, die nach Osten aus Cienfuegos herausführt. Das leider immer wieder von Wirbelstürmen heimgesuchte Naturreservat wurde 1912 von der Harvard-Universität gegründet, finanziert und bis zur Revolution auch verwaltet. Heute kann man unter freiem Himmel auf einer Fläche von 100 ha die größte Pflanzensammlung Kubas bewundern (Calle Central 136, Pepito Tey, Tel. (43) 54 5334, tgl. 8–16.30 Uhr).

HOTELS

Jagua €€

Sehr schöne Zimmer und ein Pool direkt an der Bucht. Gutes Restaurant, Nightclub Cabaret Guanaroca.

- Calle 37 No. 1 | Punta Gorda
  Tel. (43) 55 1003
  in Deutschland: 0800/182 08 12
  www.gran-caribe.com

La Unión €€

Elegantes Hotel in einem zentral gelegenen neoklassizistischen Gebäude. 49 mit Antiquitäten eingerichtete Zimmer um einen herrlichen Innenhof mit Brunnen und Whirlpool; Fitnessstudio und Sauna.

- Calle 31 esq. a 54 | Cienfuegos
  Tel. (43) 55 1020
  in Deutschland: 0800/182 08 12
  www.gran-caribe.com

Palacio Azul €€

Der azurblaue Hotelpalast von 1921 lockt mit einem Restaurant unter der Dachkuppel und Traumblick.

- Calle 37 e/ 12 y 16 | Punta Gorda
  Tel. (43) 55 5828
  in Deutschland: 0800/182 08 12
  www.gran-caribe.com

RESTAURANTS

Palacio de Valle €€€
Das neomaurische Ambiente zählt: Die kreolisch-internationale Küche ist überteuert, dafür wird man von Klaviermelodien verwöhnt. > **mehr S. 16 Punkt 29**
- Ave. 37 | Punta Gorda
  Tel. (43) 55 1226

1869 Restaurant €€
Elegantes Restaurant im Hotel La Unión mit internationaler Küche.
- Avenida 54 esq. Calle 31 | Cienfuegos
  Tel. (43) 55 1020

Paladar Aché €–€€
Bester Paladar der Stadt mit überdachter Terrasse und gutem Grillfleisch.
- Avenida 38 e/Calles 41 y 43
  Cienfuegos | Tel. (43) 52 6173

SHOPPING

Maroya
Freude für Souvenirjäger: afrokubanische Puppen, Holzschnitzereien, Lederwaren, Gemälde kubanischer Künstler (nicht nur Kitsch!), Schmuck.
- Parque Martí (gegenüber dem Teatro Tomás Terry) | Cienfuegos

NIGHTLIFE

Centro Recreativo de Mella €
Tanz unter freiem Himmel zu Rock- und Popmusik der 1970er- und 1980er-Jahre.
- Calle 37 e/ Avenida 4 y 6 | Cienfuegos
  Tel. (43) 55 2320

BITTERER ZUCKER

Zucker war über Jahrzehnte Kubas Hauptdevisenbringer. Doch in den letzten Jahren ist die Zuckerproduktion unter das Niveau von 1907 gefallen.

Jedes Jahr zum Erntebeginn im November wird die Landbevölkerung zur *despedida de los macheteros* zusammengetrommelt. Wer freiwillig im süßen Stangenwald arbeitet, braucht eine gehörige Portion Solidarität und Nationalstolz. In Bussen werden die Arbeitskolonnen in die Camps gebracht, wo sie Seite an Seite zwischen den eng stehenden, scharfkantigen Zuckerrohrpflanzen schuften. Sie schneiden 12–13 Stunden am Tag, sieben Tage die Woche. Wenn die Sonne herunterbrennt, ist diese Arbeit die Hölle.

Im unteren Teil des dicken Stängels ist der Zuckergehalt am höchsten. Mit einem Schlag rasieren die mit Gummistiefeln, dicken Handschuhen und breitkrempigen Strohhüten ausgestatteten Männer das Rohr dicht über dem Boden ab. Dann werden die wertlosen Blätter abgetrennt. Das sieht einfach aus, aber selbst bei den Profis gehören Arbeitsunfälle zum Alltag. Beim Kappen der Stängel spritzt klebriger Sirup heraus, der sich in der Sonne auf der Haut in brennendes Karamell verwandelt. Liegt das Zuckerrohr am Boden, muss es schleunigst zur Verarbeitung in die Fabrik gebracht werden, sonst verdunstet der kostbare Saft. Auf dem Rücken transportieren die *macheteros* die Stangen zu den Wagen. Maschinen sind kaum im Einsatz. Es wird immer schwieriger, Arbeitskräfte für die *zafra* genannte Zuckerrohrernte zu finden, Bezahlt wird zwar gut, aber in quasi wertlosen statt konvertiblen Pesos.

Club Beny Moré €
Beliebter Nachtklub mit Cabaret.
- Avenida 54 No. 2709, e/ 27 y 29
  Cienfuegos | Tel. (43) 55 1105

Club Cienfuegos €
Pool, Billard, Tennis, Gokarts und Livekonzerte (tgl. 10–18, Disco: 22–1 Uhr).
- Calle 37 e/ 8 y 12
  Cienfuegos
  Tel. (43) 51 2891

Cubanísimo de Artex €
Gut besuchte Open-Air-Partys mit Musik von Trova bis Salsa (Di–So ab 22, So ab 14 Uhr).
- Calle 35 e/ Ave. 16 y 18 | Cienfuegos
  Tel. (43) 55 1255

TRINIDAD 2 7 H3

In der viertältesten Stadt Kubas (ca. 75 000 Einw.) haben Zuckerbarone, Sklaven und Piraten ihre Spuren hinterlassen. Beim Bummel über das Kopfsteinpflaster fühlt man sich in die Kolonialzeit versetzt, als Sklavenhändler ihre »Ware« in Ketten durch die Straßen trieben, Trinkwasser krugweise verkauft wurde und einem der durchdringende Geruch von Trockenfisch in die Nase stach. An manchen Gebäuden zeugen noch in die Erde gebohrte Kanonenrohre, die die Hausecken vor einer Beschädigung durch hochrädrige Kutschen schützen sollten, von Trinidads Blütezeit.

Als Standort für dieses wahre Schmuckstück von Stadt hatte Diego Velázquez 1514 die Ebene zwischen zwei Wasserläufen gewählt: Agabama und Tayabo führten damals noch Gold. Schmuggel war anfänglich die Hauptbeschäftigung der Trinitarios. Nachdem sie aber selbst mehrmals von Piraten ausgeplündert worden waren, wandten sie sich im 18. Jh. einer mühevolleren, aber legalen Tätigkeit zu – dem Zuckerrohranbau. Mit dem Zuckerboom erlebte Trinidad sein goldenes Zeitalter.

Als sich das Geschäft nach Havanna und Cienfuegos verlagerte und sich das Ende der Sklaverei abzeichnete, versank die Stadt ebenso schnell in der Bedeutungslosigkeit, wie sie aufgestiegen war. Ihrem Niedergang ist es letztlich zu verdanken, dass die Kolonialarchitektur bewahrt blieb. Bereits 1988 erklärte die UNESCO Trinidad, zusammen mit dem Valle de los Ingenios, zum Weltkulturerbe.

HISTORISCHES ZENTRUM

Makellos restauriert strahlen die Häuser um die **Plaza Mayor,** die fast alle in Museen umgewandelt wurden. Zum hübschen Ensemble im Kolonialstil zählt das **Museo de Arqueología** im Palacio Padrón. In der kleinen, aber mit Engagement gestalteten Ausstellung sind indianische Steinwerkzeuge und bemalte Tonkrüge zu sehen. Das Haus, das voher an gleicher Stelle stand, bewohnte der spanische Eroberer Hernán Cortés, bevor er sich, frustriert über die mageren Goldfunde, nach Mexiko einschiffte (Tel. (41) 99 3420, Sa–Do 9–17 Uhr).

Wer sich für die Architektur der Kolonialzeit interessiert, kommt im **Museo de la Arquitectura Colonial**

Das Schwein, das über die Calle Amargura geführt wird, bereichert das nächste Festmahl

gegenüber auf seine Kosten. Das 1738 erbaute Haus gehörte einst Sánchez Iznaga, einem der reichsten Männer der Gegend. Mit Säulengang und Patio ist es ein herausragendes Beispiel für die Kolonialarchitektur auf Kuba (Plaza Mayor, Tel. (41) 99 3208, So–Do 9–17 Uhr).

In der 1892 geweihten Kirche **Santísima Trinidad** wird der in Spanien geschnitzte »Cristo de Veracruz« sowohl von Katholiken als auch von Santería-Anhängern verehrt (tgl. 10.30–13 Uhr).

Das frühere Haus des Zuckerbarons Nicolás Brunet y Muñoz wandelte man ins **Museo Romántico** um. Wertvolle kubanische Edelholzmöbel, Kristalllüster aus Böhmen sowie Porzellan aus Sèvres und Meißen, Baccarat und Fayencen sind hier zu bewundern. Der Balkon im ersten Stock gewährt einen herrlichen Blick auf die Plaza Mayor mit den weißen Zäunen und englischen Windhunden in Bronze sowie auf die Ziegeldächer der niedrigeren Häuser (Fernando Hernández Echemendia 52 esq. Plaza Mayor, Tel. (41) 99 4363, Di–So 9–17 Uhr).

Die Kirche des **Convento San Francisco** von 1745 bezaubert mit ihrem hübschen Glockenturm. Im Kloster dokumentiert das **Museo de la Lucha Contra Bandidos** den Kampf gegen die »Konterrevolutionäre« (Guinart esq. Echerrí, Tel. (41) 99 4121, Di–Sa 9–17 Uhr).

Im neoklassizistischen Palast des Zuckerbarons Cantero, eingerichtet mit Carrara-Marmor, edlem Mobiliar und Porzellan, informiert das **Museo Municipal** über die Stadtgeschichte. Fantastisch ist der Panoramablick vom Turm (Calle Bolívar 423, Tel. (41) 99 4460, Sa–Do 9–17 Uhr).

Wenige Schritte weiter steht der **Templo de Santería Yemayá,** in dem man viel über die »Regla de

Ocha« erfährt. Er ist der Meeresgöttin Yemayá gewidmet (Rubén Martínez Villena 59, e/ Simón Bolívar y Piro Guinart, tgl. 8–16 Uhr).

HOTELS

Iberostar Grand Hotel Trinidad €€€

Einziges 5-Sterne-Hotel der Stadt in einem Altbau am Parque Céspedes.

- José Martí 262 e/ Pérez y Colon
  Trinidad | Tel. (41) 99 6070
  www.iberostar.com

Brisas Trinidad del Mar €€–€€€

All-inclusive-Anlage mit vernachlässigten Zimmern, aber drei Restaurants, großem Sportangebot und tollem Strand.

- Península Ancón | Trinidad
  Tel. (41) 99 6500-07
  www.hotelescubanacan.com

Casa Colonial Muñoz €

Eine der empfehlenswerten Privatunterkünfte › S. 32 in Trinidad.

- Calle Martí 401 esq. Santiago Escobar
  Trinidad | Tel. (41) 99 3673
  www.casa.trinidadphoto.com

Hostal Vista al Mar €

Manolo und Silvia bieten ca. 5 km westlich von Trinidad zwei komfortable Zimmer mit großer Terrasse und Meerblick.

- Real 47 | La Boca | Tel. (41) 99 3716

RESTAURANTS

Mesón del Regidor €€

Zentral, rustikal, leckere Grillgerichte.

- Bolívar 424 | Trinidad
  Tel. (41) 99 6272

Taberna La Botija €€

Der Sklaverei gewidmetes Themenlokal mit üppigen Portionen, z. B. die »hängenden Spieße«, abends Livemusik, Happy Hour ab 16 Uhr; 24 Std. geöffnet.

- Amargura 71 B esq. Boca | Trinidad
  Mobil-Tel. 528 301 47
  http://labotija.trinidadhostales.com

El Jigüe €–€€

Feines Restaurant in der Altstadt. Lecker: Hähnchen und hausgemachte Limonade.

- Plazuela Real del Jigüe | Trinidad
  Tel. (41) 99 6476

La Plaza Mayor €

Im Innenhof sitzt man unter Palmen; mittags Büfett, abends à la carte Livemusik.

- Rubén Martínez Villena esq. a C. Rosario
  (gegenüber dem Hauptplatz)
  Trinidad | Tel. (41) 99 6470

La Canchanchara €

Bei fröhlicher Livemusik kann man typische Getränke wie Canchanchara oder Guarapo (Zuckerrohrschnaps, Zitronensaft, Eis) probieren. › **mehr S. 14 Punkt 13**

- Rubén Martínez Villena esq. Pisch
  Trinidad | Tel. (41) 99 4136

SHOPPING

El Alfarero Casa Chicchi

Keramikwerkstatt mit großer Auswahl an Souvenirs aus Ton wie Vasen, Glockenspiele, Teller. Mo–Fr 8–12 und 14–17 Uhr.

- Macías 9 e/ Santamaría y Mella
  Trinidad | Tel. (41) 99 3203

NIGHTLIFE

Die breite Treppe an der Ostseite der Kirche Santísima Trinidad dient abends als Bühne für Livebands.

Ayala

Die »Höhlendisco« des Hotels Las Cuevas besitzt eine gute Akustik. Di–So ab 23 Uhr.

• Buen Retiro
(oberhalb der Altstadt hinter der Plaza Santa Ana)
Trinidad | Tel. (41) 99 6615

Casa de la Trova
Hier erklingen Rhythmen von Bolero und Guagancó über Son bis La Guaracha. Konzerte tgl. 10–1 Uhr.
• C. Fernando Hernández Echerrí
Trinidad | Tel. (41) 99 6445

AUSFLÜGE VON TRINIDAD

VALLE DE LOS INGENIOS 3 H3

Gut 20 km nordöstlich der Stadt Trinidad entstanden Ende des 19. Jhs. rund 50 große Zuckermühlen *(ingenios)*, denen das Tal den Namen Valle de los Ingenios verdankt. Es wurde 1988 zusammen mit Trinidad zum UNESCO-Weltkulturerbe erklärt.

In einem *ingenio* waren ungefähr 200 Sklaven, aber nur zwölf Aufseher beschäftigt. Hohe Türme wie die **Torre de Iznaga** dienten dazu, die Sklaven zu überwachen. Aus 45 m Höhe konnten die Aufseher nahezu jede Unregelmäßigkeit beobachten und Alarm schlagen, wenn einer der Sklaven, die nachts eingeschlossen wurden, von der Plantage zu fliehen versuchte.

Das frühere Landhaus des Zuckerbarons beherbergt inzwischen ein gutes Restaurant (Ctra. a Sancti Spíritus km 12,5, Tel. (41) 99 7241, Restaurant: tgl. 10–17, Turm: 8–17 Uhr).

Ins Valle de los Ingenios verkehrt ab Trinidad eine dieselbetriebene **Schmalspurbahn** (trénturístico). Buchung bei Cubatur, Maceo 447 esq. Zerquera, Trinidad, Tel. (41) 99 6110.

DIE STRÄNDE VON TRINIDAD 4 H3

Die 6 km lange Landzunge **Ancón** 12 km südwestlich von Trinidad ist ein beliebtes Ziel für Sonnenhungrige. Vom Stadtzentrum verkehrt mehrmals täglich ein Pendelbus zum Strand. Unter Wasser warten 20 interessante Ziele auf Taucher. Von Ancón aus werden auch Tauchexpeditionen zum vorgelagerten **Archipiélago de los Jardines de la Reina** organisiert. Die »Gärten der Königin«, die nach der dort wachsenden Königskoralle benannt sind, zählen etwa 20 kleine Cayos und sind alle mit blendend weißen Sandstränden gesegnet. Lange waren sie Fidel Castros bevorzugtes Tauchrevier und daher für Touristen tabu. Inzwischen wurden sie zum Nationalpark erklärt. Wer eine Lizenz für 70 CUC erwirbt, darf hier tauchen. Vor Ort gibt es nur das festverankerte Hotelschiff Flotante La Tortuga, ein 50 × 15 m großes Boot mit 17 Kabinen (max. 4 Pers.), Dusche, Klimaanlage, Restaurant und zwei Kompressoren an Bord (Tel. (33) 29 8104; €€). Es stehen außerdem vier Tauch-Safari-Boote zur Verfügung.

Von Ancón fährt die 25 m lange »Boca de Tora« (einfachste Kabinen) zu den Tauchgründen (Weitere Infos: www.cuba-diving.de).

Zuckerrohrernte im Valle de los Ingenios

TOPES DE COLLANTES 5 H3

Nordwestlich von Trinidad erhebt sich die **Sierra del Escambray,** in der sich Anfang der 1960er-Jahre bewaffnete Gegner der Revolution *(bandidos)* verschanzten, um einen aussichtslosen Guerillakrieg zu führen. Streckenweise sind die Berge ganz und gar mit Marabú-Gestrüpp überzogen. Diese Heckenpflanze schützt zwar vor Erosion, aber für die Bauern ist das undurchdringliche Buschwerk, das sich wie Unkraut vermehrt, eine Plage.

5 km vor Trinidad führt eine Abzweigung landeinwärts über eine Serpentinenstraße zum höchsten besiedelten Punkt des Gebirges, den **Topes de Collantes** (770 m). Nach etwa 10 km bietet sich von einem Mirador (mit Bar) ein herrlicher Ausblick auf die Halbinsel Ancón und die Bucht von Casilda. Üppig grün ist es hier oben, wo Bambus, Hortensien und Orchideen gedeihen und Kubas weiße Nationalblume Mariposa blüht. Atmen Sie tief durch, denn das Mikroklima und die gute Luft der Eukalyptus- und Kiefernwälder sollen vor allen möglichen Krankheiten schützen. Schattige Wanderwege führen zu Wasserfällen, Teichen und Höhlen. › **mehr S. 12 Punkt 4** In Topes de Collantes befindet sich ein Zentrum des kubanischen Fitnesstourismus mit Saunen, Sport- und Badeanlagen.

HOTEL

Kurhotel Escambray €€ und **Los Helechos** €

Der Complejo Topes de Collantes bietet Unterkunft in dem riesigen, renovierungsbedürftigen Kurhotel oder dem kleineren Los Helechos mit Cabañas. Pool, Sauna, Dampfbad, Massagen, Akupunktur, Hydrotherapie und Heilkräuterbehandlungen.

- Complejo Topes de Collantes
  Topes de Collantes | Tel. (42) 54 0117
  www.gaviota-grupo.com

SANCTI SPÍRITUS 6 J3

Die 1514 gegründete Hauptstadt (120000 Einw.) der gleichnamigen Provinz befindet sich 70 km östlich von Trinidad.

Man kann den hübschen **Parque Central** mit gut erhaltener Kolonialarchitektur und eine der ältesten Kirchen Kubas besichtigen.

Das **Museo de Arte Colonial** im Haus der Familie Iznaga zeigt viel Wissenswertes über die Kolonialzeit und die Zeit der Sklaverei (Plácido esq. Menéndez, Tel. (41) 32 5455, Di–Sa 9.30–17, So 9–12 Uhr).

HOTEL

Hotel de Rijo €€

Feines Stadthotel in einem Altbau aus dem Jahr 1827 mit komfortablen Zimmern und guter Küche.

- Plaza Honorato | Sancti Spíritus
  Tel. (41) 32 8588
  www.islazul.cu

SANTA CLARA 7 ★ H2

In der Hauptstadt (220000 Einw.) der Provinz Villa Clara triumphierte am 29. Dezember 1958 Che Guevara über die Truppen des Diktators Batista, als er einen gepanzerten Militärzug (Tren Blindado) nördlich der Stadt zum Entgleisen brachte. Vier verrostete Waggons zeigt das **Museo Monumento Tren Blindado** (östliche Independencia, 2 km Richtung Ctra. de Camajuaní, Tel. (42) 20 2758, Mo–Sa 9–17 Uhr).

Die Attraktion des Ortes ist aber das Bronzedenkmal des 1997 im riesigen Mausoleum darunter bestatteten Che auf der **Plaza de la Revolución.** Gleich daneben präsentiert das vorzügliche **Museo Memorial Monumento Ernesto Che Guevara** das Leben des weltberühmten Guerillakämpfers (Tel. (42) 20 5878, Di–Sa 8–18, So bis 17 Uhr).

KUBAS BESTE BOHNE

Kaffee ist neben Zucker, Tabak und Viehhaltung die vierte tragende Säule der kubanischen Landwirtschaft. Den ersten, ursprünglich aus Afrika und Asien stammenden Kaffee ernteten die Bauern 1748. Als Ende des 18. Jhs. Zehntausende Franzosen von Haiti nach Kuba kamen, erhielt der Kaffeeanbau einen enormen Schub. Auf der roten Erde im kühleren Bergland gedeihen die Pflanzen hervorragend. Die Schwerpunkte des kubanischen Kaffeeanbaus liegen in der Sierra del Escambray, bei Pinar del Río in der Sierra de los Órganos sowie im Oriente in der Sierra Maestra und um das Bergmassiv Sagua Baracoa.

Auch wenn die ersten und meisten *cafetales* im Oriente gegründet worden sind – die besten Bohnen kommen von den Hängen der Sierra del Escambray bei Trinidad. Die gleichbleibende Temperatur um 21 °C und der quarzhaltige Boden sorgen für kräftige, gesunde Pflanzen. Den Quarzkristallen verdanken die Bohnen den Namen »Montagnes de Cristal«. Die besten Sorten gehen in den Export, für den Eigenbedarf wird billiger Kaffee importiert.

Treffpunkt der Einheimischen ist der zentrale Parque Vidal. Im 1885 errichteten **Teatro la Caridad** hat schon Caruso gesungen. Ganz in der Nähe lohnt das eklektische **Museo de Arte Decorativos** einen Besuch, und abends trifft sich die städtische Szene im **Club Mejunje** (Marta Abreu 107, Tel. (42) 28 2572, Di–So 16–1 Uhr).

HOTEL

Villa La Granjita €€

Wunderschöne, zweistöckige Häuser mit Palmdächern, unter denen man entspannen kann. Relativ gutes Restaurant, Pool, Tennisplatz. 5 km östlich von Santa Clara.

- Ctra. de Maleza km 2
  Santa Clara | Tel. (42) 21 8190
  www.hotelescubanacan.com

Che am Ort des Triumphes in Santa Clara

REMEDIOS 8 J2

30 km nordöstlich von Santa Clara liegt Remedios, ein wunderhübsches kubanisches Kolonialstädtchen (30 000 Einw.). Sehenswert ist die ab 1692 erbaute **Parroquia de San Juan Batista** am charmanten Hauptplatz Plaza Martí mit prunkvollem Barockaltar aus vergoldetem Zedernholz und maurisch inspirierter Decke. Ein besonderes Erlebnis sind die Parrandas an Heiligabend: Umzüge mit Festwagen, Rumbamusik und Feuerwerk.

HOTEL

Mascotte €€

Kleines Stadthotel im Kolonialstil.

- Máximo Gómez 114
  Remedios | Tel. (42) 39 5144
  www.hotelescubanacan.com

AUSFLUG ZUM CAYO SANTA MARÍA 9 8 K2

Remedios ist ein ideales Standquartier für Ausflüge auf die Cayos de la Herradura, die zur Provinz Villa Clara gehören und etwa 30 km westlich von Cayo Guillermo › S. 113 liegen. Von dort sind sie aber bisher nicht zu erreichen. Eine Verbindung ist zwar schon lange in Planung, aber die Umsetzung lässt noch auf sich warten.

Man fährt von Remedios zum 9 km entfernten Fischerhafen Caibarién. Einige Kilometer südlich davon führt ein 45 km langer Damm durch die Bahía Buena Vista auf die Inseln. Am Checkpoint werden pro Fahrtrichtung 2 CUC fällig. Kubaner dürfen nicht passieren.

Karte S. 99

Zu dem beliebten Urlaubsgebiet Cayo Santa María werden auch die Cayos Las Brujas und Ensenachos gerechnet. Vom Festland aus erreicht man zunächst **Cayo Las Brujas**. Auf der Insel landen die Inlandflüge aus Havanna. Der nächste internationale Flughafen ist der von Santa Clara, der von Condor aus Deutschland direkt angeflogen wird (Abel Santamaría, Ctra. a Maleza, km 11, Tel. (42) 20 9138). Auf Las Brujas gibt es mit Villa Las Brujas (s.u.) die einzige Individualunterkunft des aufstrebenden Feriendorados. Besonders schön ist die Playa Las Salinas.

EINSAME TRAUMSTRÄNDE

- **Cayo Levisa** an der Nordküste von Pinar del Río > S. 79
- **Playa Larga** im Osten der Zapata-Halbinsel > S. 92
- **Punta del Este** im Südosten der Isla de la Juventud > S. 94
- **Playa Sirena** am Westzipfel von Cayo Largo > S. 96
- **Playa Pilar** an der Westspitze von Cayo Guillermo > S. 113
- **Playa Los Pinos** auf Cayo Sabinal > S. 117
- **Playa Corinthia** im Osten der Provinz Holguín > S. 121
- **Cayo Saetía** im Osten der Provinz Holguín > S. 125
- **Bucht von Puerto Padre** nördlich von Las Tunas > S. 126
- **Playa Maguana** nordwestlich von Baracoa > S. 147

Die Dammstraße quert dann das kleine **Cayo Ensenachos** mit Kubas luxuriösestem Strandhotel.

Endpunkt ist das eigentliche **Cayo Santa María.** Auf der größten Insel des Herradura-Archipels soll es einmal 10 000 Hotelzimmer geben. Zwischen den mehr als ein Dutzend All-inclusive-Hotels liegen die extra angelegten Vergnügungsdörfer **Las Dunas** und **La Estrella** mit Pianobars, Restaurants, Bowlingbahn, Souvenirshops, Diskotheken sowie Spa und Beauty Salon – selbst eine Karnevalshow wird geboten. Auf den Inseln verkehrt tagsüber ein Bus.

HOTELS

Iberostar Ensenachos €€€

Die kubanischen Ferienresorts sind staatlich und solche mit elegant eingerichteten Zimmern und Suiten sowie einem exzellenten Restaurant einfach entspannend.

- Cayo Ensenachos | Tel. (42) 35 0300
  in Deutschland: Tel. 0800/664 56 39
  www.iberostar.com

Meliá Buenavista €€€

Hochgelobtes ruhiges Resort an gleich drei Traumstränden.

- Cayo Santa María | Tel. (42) 35 0700
  in Deutschland: Tel. 01802/12 17 23
  und 069/80 92 13 26
  www.meliacuba.de

Villa Las Brujas €€

25 rustikale Cabañas an kleinem Privatstrand; Restaurant, Wassersportangebot.

- Farallón de las Brujas
  Playa Las Salina | Cayo Las Brujas
  Tel. (42) 35 0023
  www.gaviota-grupo.com

CAYERÍA DEL NORTE

10 K2–M3

Bei den Archipelen von Camagüey und Sabana vor der Nordküste Kubas wurden über 400 Cayos gezählt. Das ganze Gebiet steht unter Natur- und Vogelschutz. In einigen Zonen jedoch beginnt sich das kaum erschlossene Paradies zusehends touristisch zu entwickeln.

CAYO COCO L2

Cayo Coco (364 km²), das vom Festland aus über eine Dammstraße zugänglich ist, wurde nach dem hier heimischen rosa Ibis *(coco)* benannt. Insgesamt 21 km blendend weiße Strände locken hierher.

Unerschrockene Individualisten können in schlichten Hütten der im Inselinnern gelegenen Ausflugsranch **Sitio La Güira** übernachten. Hier kann man auch Reitpferde für Ausritte ausleihen. Übrigens kann man für die Resorts Tagespässe erwerben.

CAYO GUILLERMO K2

Ruhiger geht es auf dem benachbarten und wesentlich kleineren Cayo Guillermo (13 km²) zu. Die Insel ist nicht bewohnt – außer von 25 000 Flamingos und Pelikanen. Der beste öffentliche Strand, die **Playa Pilar** an der Westspitze des Cayo Guillermo, ist immer noch weitgehend unberührt.

Der Touristenbus »Jardines del Rey Bus Tour« (tgl. 9–18 Uhr, fünf Mal) und eine Bimmelbahn (9 und 14 Uhr) fahren verschiedene Ausflugsziele auf den Inseln an.

BUCHTIPP

Ernest Hemingway, Inseln im Strom, Rowohlt. Hemingway schildert anhand seines Alter Ego Thomas Hudson den Zweiten Weltkrieg in der Karibik.

Karibik pur erleben in einer Strandhütte auf Cayo Coco

HOTELS

Iberostar Daiquiri €€€

5-Sterne-Anlage; imposante Architektur im typischen Hacienda-Design.

- Cayo Guillermo | Tel. (33) 30 1650
  www.iberostar.com

Meliá Cayo Coco €€€

Luxuriöse All-inclusive-Anlage an feinem Sandstrand für Gäste ab 18 Jahre.

- Cayo Coco | Tel. (33) 30 1180
  in Deutschland: Tel. 01802/12 17 23, 069/80 92 13 26 | www.meliacuba.de

Meliá Cayo Guillermo €€€

Luxuriöse Anlage.

- Cayo Guillermo | Tel. (33) 30 1680
  in Deutschland: Tel. 01802/12 17 23, 069/80 92 13 26
  www.meliacuba.de

Sol Cayo Coco €€–€€€

4-Sterne-Hotel am weiten Colorada-Strand. Tennis, Tauchschule, afrokubanische Hochzeitsrituale für Paare in den Flitterwochen.

- Playa Colorada
  Cayo Coco

Tel. (33) 30 1280
in Deutschland: Tel. 01802/12 17 23
und 069/80 92 13 26
www.meliacuba.de

Sol Cayo Guillermo €€–€€€
All-inclusive-Anlage im Bungalowstil mit riesigem Pool.
• Cayo Guillermo
Tel. (33) 30 1760
in Deutschland: Tel. 01802/12 17 23
und 069/80 92 13 26
www.meliacuba.de

Sitio La Güira €
Preiswerte klimatisierte Hütten mit Bad auf einer Farm 8 km westlich der Servi-Cupet Tankstelle, mit Restaurant und Bar.
• Ctra. a Cayo Guillermo km 7
Cayo Coco | Tel. (33) 30 1208

NIGHTLIFE

Cueva de Jabalí
Die »Wildschweinhöhle« dient als Disco. Für Gruppen wird manchmal Spanferkel zubereitet. Mo–Sa ab 22.30 Uhr.
• Ctra. a Playa Prohibida | Cayo Coco
Tel. (33) 39 1206

CAMAGÜEY 11 ★ M4

Das Gassenlabyrinth von Camagüey (400 000 Einw.) wurde im 16. Jh. angelegt, um Piraten zu verwirren. Heute ist Camagüey eine der charmantesten Städte Kubas: mit Kopfsteinpflaster, zierlichen Balustraden, Rokokobalkonen, Buntglasfenstern, gedrechselten Fenstergittern sowie von den Spaniern angelegten Plätzen und Parks. Seit 2008 gehört die hübsche Altstadt zum UNESCO-Weltkulturerbe.

Rund um die stille **Plaza San Juan de Dios** mit der 1728 errichteten gleichnamigen Kirche findet man die schönsten, perfekt restaurierten pastellfarbenen Häuserensembles. Über die Calle Cisneros

TOUR IN ZENTRALKUBA

TOUR 7

HIGHLIGHTS DER PROVINZ CAMAGÜEY

Cayo Coco › Morón › Ciego de Ávila › Camagüey › Playa Santa Lucía

Avenida des los Mártires in Camagüey

gelangt man zum **Parque Ignacio Agramonte,** dem zentralen Platz der Stadt mit Reiterstatue und Marmorbänken. An der Südseite erhebt sich die im 19. Jh. wieder errichtete **Catedral de la Candelaria.** Aus der **Casa de la Trova** gegenüber tönt – fast immer – Musik.

Auf dem Weg nach Norden lohnt ein Abstecher nach links in die Calle Hermanos Aguero 58, wo die **Casa Natal Nicolás Guillén** an den schwarzen Dichter erinnert, der 1902 in Camagüey geboren wurde. In seinen Werken verband er spanische und afrikanische literarische Traditionen.

Camagüeys schönste Kirche, die **Iglesia Nuestra Señora de la Merced,** ragt an der Plaza de los Trabajadores empor. Das **Museo y Casa Natal Ignacio Agramonte** schräg gegenüber widmet sich Ignacio Agramonte (1841–1873), dem kubanischen Freiheitskämpfer und Helden (Agramonte 459, Plaza de los Trabajadores, Tel. (32) 29 7116, Mi–Sa 9–17, So 8.30–11.30 Uhr).

Camagüey ist für seine *tinajones* genannten riesigen Tonkrüge bekannt, die fast jeden Innenhof zieren und früher das Regenwasser kühlten. Wem daraus ein Schluck angeboten wird, der verliebt sich unsterblich und verlässt die Stadt nie mehr – so will es die Legende. Ende Juni feiert Camagüey sechs Tage lang Karneval.

HOTEL

Gran Hotel €

Prächtiges Stadthotel von 1938 in der Fußgängerzone mitten im historischen Zentrum. Viel Atmosphäre und grandioser Blick von der Dachterrasse.

- Maceo No. 67 e/ Ignacio Agramonte y General Gómez Camagüey | Tel. (32) 29 2093 www.islazul.cu

RESTAURANTS

El Ovejito €€

In schöner Lage an der Plaza del Carmen 600 m westl. vom Zentrum; Spezialität des Hauses: Lammgerichte.
Hermanos Agüero e/ Honda y Carmen Camagüey | Tel. (32) 29 2524

Campana de Toledo €–€€

Serviert Rindfleischspezialitäten in einem Altbau aus dem 18. Jh. Rustikale Möbel, spanisches Terrakotta-Dekor und ein schattiger Innenhof machen seinen Charme aus. Im Parador de los Reyes nebenan treten abends Musikgruppen auf.

- Plaza San Juan de Dios | Camagüey
  Tel. (32) 28 6812

NIGHTLIFE

Die Camagüeyanos tanzen jeden Samstag bei der »Noche Camagüeyana« auf der Calle República (Eintritt frei).

Casa de la Trova »Patricio Ballagas«
Meist Livemusik in schönem Kolonialbau: Trova (Mo/Di, Fr), Boleros (Mi, So), Blues und Jazz. Mo–Sa 12–18, 21–24, So 11–15 Uhr.

- Parque Ignacio Agramonte
  Camagüey | Tel. (32) 29 1357

La Bigornia
Einfache Musikbar mit *música tradicional*, Snacks und Cocktails.

- República 394 esq. Callejón de Correa
  Camagüey | Tel. (32) 28 4784

CAYO SABINAL 12 M3

Das nur von einigen Fischern und Köhlern bewohnte Eiland bezaubert mit 33 km langen, pulverfeinen Sandstränden, die von Korallenriffen geschützt werden. Paradiesisch ist vor allem die **Playa Los Pinos.** Ein Ranchón serviert Fischgerichte. Nur gelegentlich stört eine Ausflugsgruppe die Ruhe. Auf der unter Naturschutz stehenden Insel gibt es keine Unterkünfte. Die holprige 30 km lange Anfahrt von Nuevitas über einen Damm (Maut: 5 CUC) spart man sich, wenn man von Playa Santa Lucía den Ausflugskatamaran nimmt oder geführte Jeep-/Buggytouren bucht (in den Hotels).

PLAYA SANTA LUCÍA

13 N3

Der beste Strand der Provinz liegt 112 km nördlich von Camagüey und bietet 21 km weißen Puderzuckersand mit glasklarem türkisfarbenem Meer – aber je nach Jahreszeit und Strömung kann Seegras das Badevergnügen trüben. Die Pauschalarrangements der meist renovierungsbedürftigen Resorts sind recht günstig, außerhalb der Hotels sollte man allerdings keine touristische Infrastruktur erwarten.

Das **Centro de Buceo Sharks' Friends** organisiert Tauchausflüge zu einem vorgelagerten Riff mit Haifütterung (Hotel Brisas Santa Lucía, Tel. (32) 36 5182, 30 CUC).

Die **Playa Los Cocos** (auch Los Coquitos) 6 km weiter östlich ist ein beliebtes Ausflugsziel mit zwei Restaurants.

HOTEL

Bravo Caracol €€
In dem Ferienhotel legen sich die kubanischen Animateure richtig ins Zeug und bieten viel Abwechlsung, Sport und Spaß. Ruhebedürftige sind hier falsch.

- Playa Santa Lucía
  Tel. (32) 36 5158
  www.hotelescubanacan.com

RESTAURANT

Bocana €–€€
Mit Blick auf Meer und Palmen schmeckt frischer Fisch besonders köstlich.

- La Boca | Playa Los Cocos
  Playa Santa Lucía
  Tel. (32) 36 5455

DER ORIENTE

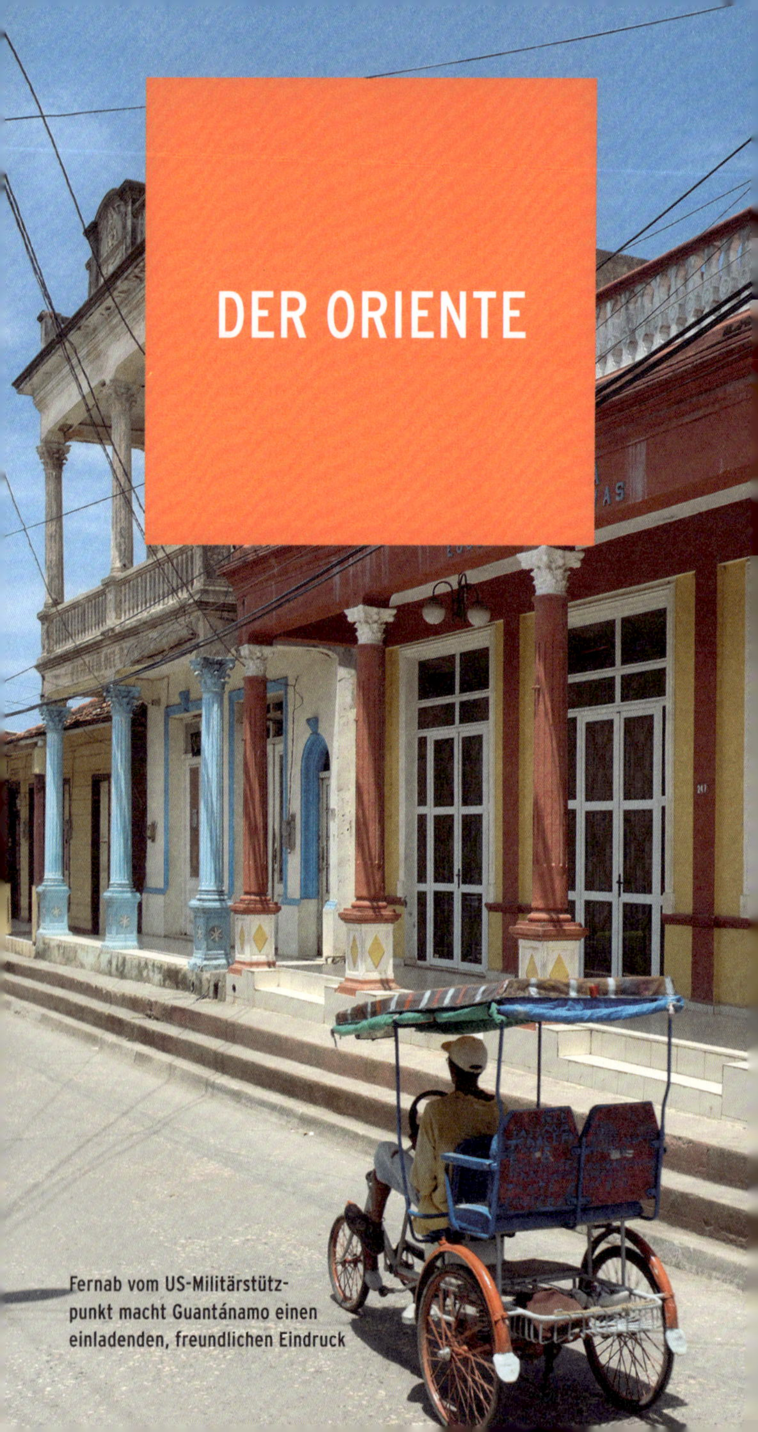

Fernab vom US-Militärstützpunkt macht Guantánamo einen einladenden, freundlichen Eindruck

Den Osten Kubas charakterisieren die unwegsamen Berge der Sierra Maestra, die unberührten Regenwälder von Baracoa, die puderzuckerfeinen Strände von Guardalavaca und die Musikhauptstadt Santiago de Cuba.

An der Nordküste zwischen der Touristenhochburg Guardalavaca und dem Städtchen Puerto Padre in der Provinz Las Tunas liegen einsame Traumstrände, die von Holguín leicht zu erreichen sind.

Auch die von den Hängen der herben Sierra Maestra gesäumte Südküste ist faszinierend: grüne Berge, türkisblaues Meer und dazwischen hohe Königspalmen.

Die Bewohner des Oriente gelten als rebellisch. In Santiago betritt man revolutionäres Pflaster. Ob es gegen Kolonialherrschaft, Sklaverei, Diktatur oder die USA ging – die Santiagueros marschierten immer voran. Stolz nennt sich die Stadt »Wiege der Revolution« oder »heroische Stadt«. Zudem feiert man hier den größtenn Karneval Kubas.

Tropische Regenwälder prägen die Ostspitze Kubas, ein Dorado für Naturfreunde. Das friedliche Städtchen Baracoa mit seinen schönen Stränden eignet sich zum Relaxen.

TOUREN IM ORIENTE

TOUR 8

WO KOLUMBUS LANDETE

ROUTE: Guardalavaca › Bahia de Bariay › Gibara › Holguín › Guardalavaca

KARTE: Seite 122
DAUER: 2 Tage
PRAKTISCHE HINWEISE:

- Die Hotels von Guardalavaca bieten überteuerte Ausflüge zur Touristenfalle Parque Monumento Nacional Bariay mit einem kitschigen »Taíno-Dorf« und einem Kolumbusdenkmal.
- Besser mit dem Mietwagen fahren.

TOUR-START:

Fahren Sie von **Guardalavaca** 1 › S. 124 bis Rafael Freyre. Von dort führt ein Abstecher zur schönen Playa Blanca an der Ostseite der »Kolumbusbucht« Bahia de Bariay. Westlich von Rafael Freyre verschlechtert sich die Straße auf den 26 km zwischen Fray Benito und Floro Pérez erheblich, führt aber durch eine herrliche Karstkegellandschaft mit Königspalmen ins muntere Hafenstädtchen **Gibara** 4 › S. 126. Hier kann man wunderbar etwas Zeit vertrödeln. Mehrere gute Privatpensionen laden zur Übernachtung ein. Die Rückfahrt nach Guardalavaca führt über **Holguín** 3 › S. 125, wo es zwar viele Casas, aber außer einigen netten Plazas keine echten Sehenswürdigkeiten gibt.

TOUR 9

RUND UM DIE SIERRA MAESTRA

ROUTE: Santiago de Cuba › Marea del Portillo › Parque Nacional Desembarco del Granma › Manzanillo › Bayamo › El Cobre › Santiago de Cuba

KARTE: Seite 122
DAUER: 4–5 Tage
PRAKTISCHE HINWEISE:

- Autofahrer müssen von Santiago frühmorgens starten, bei Dunkelheit ist die Fahrt lebensgefährlich. Mehrere Hurrikans haben die Küstenstraße schwer beschädigt. Für die schlimmsten 100 km zwischen Chivirico und Marea del Portillo benötigt man seither 5 Std. (kaputte Brücken)!
- Erkundigen Sie sich vorab unbedingt bei den Reise- bzw. Mietwagenbüros in Santiago über den aktuellen Straßenzustand!

TOUR-START:

Auf der einsamen, holprigen Küstenstraße von **Santiago** 12 › S. 131 nach Marea del Portillo begleiten tiefblaues Meer und spektakuläre Aussichten die Fahrt. Wegen des teils sehr schlechten Straßenzustands ist eine Unterbrechung in Marea del Portillo › S. 140 zu empfehlen. Dort kann man essen und übernachten. Die Tour führt dann weiter bis westlich von Pilón eine Abzweigung nach links zum **Parque Nacional Desembarco del Granma** 11 › S. 130 (Checkpoint!) führt. Hier gingen Fidel Castro und Che Guevara mit ihren Kampfgenossen an Land. Dann geht es nordöstlich von Niquero nach **Manzanillo** 9 › S. 128, der Heimatstadt des *Son*. Mit etwas Glück spielen in der Casa de la Trova gute *soneros*. Unterkunft bieten Privatquartiere.

Von Manzanillo führt die Tour über Yara gen Osten, meist an Sumpfland und Reisfeldern vorbei, nach **Bayamo** 8 › S. 127. Hier übernachtet man in einem hübschen historischen Hotel an der zentralen Plaza, genießt die beschauliche Atmosphäre. Zudem kann man hier einiges über Kubas Freiheitskampf und den Nationalstolz erfahren. Nach ausreichender Entspannung ist man dann auch gut gewappnet für die anschließende Bergetappe durch die **Sierra Maestra** 10 › S. 128. An deren Ausläufern nordwestlich von Santiago thront die Wallfahrtsstätte **El Cobre** 13 › S. 142. Von hier sind es noch rund 15 km bis zum Start- und Zielort dieser Tour in Santiago de Cuba.

TOUR 10

REGENWALDTOUR UM KUBAS OSTSPITZE

ROUTE: Santiago › Guantánamo › Baracoa › Parque Nacional de Humboldt › Cayo Saetía › Sitio Histórico Birán › Santiago

KARTE: Seite 122
DAUER: 5–6 Tage
PRAKTISCHE HINWEISE:
- Zwischen Santiago, Guantánamo und Baracoa verkehren komfortable Viazul-Kleinbusse.
- Am besten fährt man mit einem Mietwagen, Normalantrieb reicht völlig.
- Überholmanöver sind auf den Berg- und Passtraßen schwierig.
- Nach Cayo Saetía werden organisierte Ausflüge angeboten.

TOUR-START:

Von **Santiago** 12 › S. 131 geht es in östlicher Richtung 82 km auf einer gut ausgebauten Hauptstraße durch trockene Landschaft in die wenig reizvolle Provinzhauptstadt **Guantánamo** 15 › S. 144 und in der Regel gleich weiter auf die großartige Küstenstraße im Osten: Zur Rechten glitzert die Karibik in der Sonne, zur Linken steigen steil die Berge auf. Sie überqueren die dicht bewaldeten Berge auf Kubas schönster Passstraße, **La Farola,** die schließlich nach **Baracoa** 10 › S. 145 führt. Von den Aussichtspunkten unterwegs schweift der Blick über dichten tiefgrünen Regenwald. Über den Baumwipfeln hängt die feuchtdampfende Luft.

Baracoa lohnt mit seinen vielen Privatunterkünften einen längeren Aufenthalt. Mindestens drei Übernachtungen sollten Sie einplanen. Den zweiten Tag können Sie mit einem Ausflug zur wildromantischen **Playa Maguana** 19 › S. 147 im Norden (auch per Taxi) genießen, den dritten mit einem organisierten Ausflug in den **Parque Nacional de Humboldt** 20 › S. 147.

Anschließend, am vierten Tag, fahren Sie auf der dramatisch schönen Küstenstraße zwischen Regenwald und Meer von Baracoa nach Moa. Kurz vor Pueblo Nuevo lohnt sich der Abstecher nach Norden zur paradiesischen **Playa Corinthia.** Zurück auf der Straße Richtung Mayari führt nach etwa 20 km eine Abzweigung (Checkpoint!) zum **Cayo Saetía** 2 › S. 125 mit Traumstränden und idyllischem Hotel.

Am fünften Tag geht es dann über Mayari und Cueto in Richtung Santiago weiter bis zu einer Abzweigung, die auf allerdings sehr holprigem Wege zum **Sitio Histórico Birán** 7 › S. 127 führt. Auf dem großen Anwesen mit dem zum Museum umgewandelten Geburtshaus Fidel Castros erfährt man sehr viel Interessantes über die Jugend des kubanischen Revolutionärs. Nach diesem Abstecher kehrt man wieder auf die Hauptstraße zurück, die über Alto Cedro auf direktem Wege nach Santiago de Cuba führt.

VERKEHRSMITTEL

- Der internationale Flughafen von Holguín (Frank País, Tel. (24) 46 2512) ist die Drehscheibe des Oriente, denn hier landen viele Charterflüge aus Europa sowie Inlandsflüge aus Havanna. Viazul-Busse verbinden Holguín sowohl mit Bayamo als auch mit Santiago de Cuba. Auch zwischen Holguín und Guardalavaca bestehen Busverbindungen. Für den Viazul-Kleinbus von Santiago nach Baracoa wird eine rechtzeitige Reservierung empfohlen.
- Von Santiago de Cuba (Flughafen Antonio Maceo, Tel. (22) 69 1014) gibt es tägliche Flüge nach Havanna.

TOUREN IM ORIENTE

TOUR 8

WO KOLUMBUS LANDETE

Guardalavaca > Bahia de Bariay > Gibara > Holguín > Guardalavaca

- Zwischen dem Flughafen Baracoa (Gustavo Rizo, Tel. (21) 64 2580) und Havanna bestehen 2–3mal wöchentlich Verbindungen, die in der Saison oft schnell ausgebucht sind.
- Der »Guardalavaca Beach Tour Bus« verkehrt 3mal täglich zwischen diversen Buchten, Hotels und Sehenswürdigkeiten (z. B. ab Playa Turquesa tgl. 9 Uhr; Tagesticket: 5 CUC).
- Die Straßen im Oriente sind holprig: Für 100 km sollte man mindestens drei Stunden Fahrzeit einkalkulieren. Über den aktuellen Straßenzustand informieren Reise- und Mietwagenbüros in Santiago de Cuba.

TOUR 9

RUND UM DIE SIERRA MAESTRA

Santiago de Cuba > Marea del Portillo > Parque Nacional Desembarco del Granma > Manzanillo > Bayamo > El Cobre > Santiago de Cuba

TOUR 10

REGENWALDTOUR UM KUBAS OSTSPITZE

Santiago de Cuba > Guantánamo > Baracoa > Parque Nacional de Humboldt > Cayo Saetía > Sitio Histórico Birán > Santiago de Cuba

UNTERWEGS IM ORIENTE

GUARDALAVACA

1 9 P4

Über dem türkisfarbenen Meer und dem von hohen Felsen gerahmten weißen Puderzuckerstrand spannt sich ein azurblauer Himmel. Vor den Stränden **Don Lino** und **Playa Blanca** im Westen von Guardalavaca wartet ein 300 m langes Korallenriff, ein Paradies für Taucher.

Sehr beliebt und abwechslungsreich ist ein Besuch im **Bioparque Rocazul** an der Bahia Naranjo. Auf einfachen Wanderungen von etwa 3 km Länge kann man den 148 ha großen Park durchstreifen, dabei bunte Schmetterlinge und Tropenvögel beobachten, zudem kann man Kanufahren und Angeln (Ctra. Playa Pesquero, Tel. (24) 43 3310, tgl. 9–17 Uhr).

In der weiter westlich gelegenen Bucht **Bahia de Bariay** betrat Christoph Kolumbus Ende Oktober 1492 erstmals kubanisches Land.

HOTELS

Memories Holguín Beach Resort €€€

Kinderfreundliches Resort mit großem Wellnessprogramm, sieben Pools; italienisches und asiatisches Restaurant.

- Playa Yuraguanal | Tel. (24) 43 0540
  www.memoriesresorts.com

Paradisus Río de Oro €€€

Eines von Kubas führenden Luxushotels: mit 300 Suiten, großem Sportangebot, u. a. Tauchbasis und Segelschule, außerdem Nachtklub, acht Gourmetrestaurants – von italienischer bis japanischer Küche.

- Playa Esmeralda | Estero Ciego
  Tel. (24) 43 0090
  in Deutschland: Tel. 01802/12 17 23
  und 069/80 92 13 26
  www.meliacuba.de

Playa Pesquero €€€

Einer der größten Hotelkomplexe Kubas (fast 1000 Zimmer), aber mit Sinn für nachhaltigen Tourismus.

- Playa Pesquero | Tel. (24) 43 3530
  www.gaviota-grupo.com

RESTAURANTS

El Ancla €€

Spezialität Meeresfrüchte. Sehr schöne Lage am Meer.

- Playa Guardalavaca
  Tel. (24) 43 0381

Doña Bárbara €–€€

Paladar 3,5 km südl. von Guardalavaca. Hier kann man deftig speisen *à lo cubano*, es gibt viel Seafood.

- Cuatro Caminos | Yaguajay
  Mobil-Tel. 052 44 71 16
  www.actiweb.es/donabarbara

SHOPPING

Bazar Guardalavaca

Kunterbunter Touristenmarkt, u. a. Bilder, Schmuck, Sonnenhüte, Lederwaren, Sarongs. Handeln ist Pflicht – außer bei Zigarren und Rum. Eine Bar mit Livemusik versorgt und unterhält die Bummelnden (tgl. 9–18 Uhr).

- Playa Guardalavaca
  (am Hotel Club Amigo)

Das Angebot der kleinen Läden ist wie hier in Banes auch andernorts überschaubar

AUSFLÜGE VON GUARDALAVACA

CHORRO DE MAÍTA UND BANES P4

Nur 5 km südlich von Guardalavaca liegt der größte kubanische Friedhof der Taíno in **Chorro de Maíta**. Einige Gräber (1490–1540) können besichtigt werden. Das nachgebaute Taínodorf **Aldea Taíno/Museo Arqueológico Chorro de Maíta** informiert über den Alltag der indigenen Bevölkerung (Ctra. a Banes, Cerro de Yaguajay, Tel. (24) 43 0422, tgl. 9–17 Uhr). › mehr S. 15 Punkt 23

20 km weiter erreicht man **Banes** wo es Privatunterkünfte gibt. Das **Museo Bani-Indocubano** stellt mit verschiedenen Schmuckstücken, Arbeits- und Kultgegenstände einen Hort der Taínokultur dar (Calle Gen. Marrero 305, Tel. (24) 80 2487, Di–Sa 9–17, So 8–12 Uhr).

Wer mit dem Auto unterwegs ist, kann von Banes aus, einen Badeausflug zu den westlich des Ortes gelegenen einsamen Stränden **Playa de Morales** und **Playa Puerto Rico**.

CAYO SAETÍA 2 P5

Die Tiere, die Fidel Castro hier einst für seine Staatsgäste zur Jagd aussetzen ließ, leben noch auf der Insel. › mehr S. 16 Punkt 28 Das Cayo besitzt auch wunderschöne, von Felsen eingerahmte Badebuchten. Ausflüge von Guardalavaca organisiert Havanatur per Helikopter, Katamaran und Jeep (20 bzw. 90 Min.; Zutritt zur Insel: 10 CUC).

HOTEL

Villa Cayo Saetía €€

Bungalowanlage mit klimatisierten Zimmern, sehr unterschiedliche Standards.

- Tel. (24) 51 6900
  Cayo Saetía
  www.gaviota-grupo.com

HOLGUÍN 3 05

Das öffentliche Leben in der Stadt (ca. 340 000 Einw.) spielt sich im **Parque Calixto García** und auf der schönen **Plaza de la Marqueta** ab. Im naturkundlichen **Museo de Historia Natural Carlos de la Torre** kann man u.a. über 4000 bunte Schneckenhäuser bewundern (Calle Maceo 129, Tel. (24) 42 3935, Di bis Sa 9–20, So 9–19 Uhr).

HOTEL

Finca y Villa Mayabe €

Saubere Zimmer mit Klimaanlage und Bad in Bungalows. Pool, kreolische Küche, Blick über das Mayabé-Tal. 10 km von Holguín.

- Alturas de Mayabé km 8 | Holguín
  Tel. (24) 42 2160 | www.islazul.cu

RESTAURANT

Salón 1720 €

Das eleganteste Lokal der Stadt mit Dachterrassenbar und Nachtklub » El Jigüe«. Saftige Steaks, gute Weine.

- Frexes e/ Manduley y Miró
  Holguín | Tel. (24) 46 8150

AUSFLUG NACH GIBARA 4 ★ 04

Das geruhsame Hafenstädtchen (38 000 Einw.), in dessen östlich benachbarter Bucht Kolumbus 1492 an Land ging, ist allein seiner Atmosphäre wegen einen Abstecher von Holguín (33 km) aus wert. Von der Festungsruine **El Cuartelón** auf dem Hügel Los Caneyes genießt man einen schönen Blick über die Stadt. Unbedingt einen Besuch lohnt das in der Nähe des Parque Calixto García gelegene **Museo de Arte Colonial** in einem neoklassizistischen Gebäude von 1872. Das Kolonialmuseum stellt kostbare Möbel sowie Dekorations- und Alltagsgegenstände aus dem 18./19. Jh. aus (Calle Independencia, Tel. (24) 84 4457, Mo–Sa 8–12, 13–17, So 8–12 Uhr).

Nicht weit vom Ort entfernt liegen die touristisch noch weitgehend unberührten Strände **Playa Los Bajos** und **Playa Caletones**.

HOTEL

Ordoño €

Architektonsiches Schmuckstück: 27 Zimmer, Marmorbäder und Dachterrassenbar.

› mehr S. 14 Punkt 17

- Peralta e/ Mármol y Independencia
  Gibara | Tel. (24) 84 4448
  www.hotelescubanacan.com

DIE STRÄNDE VON LAS TUNAS

Die schönen Atlantikstrände der Provinz Las Tunas sind touristisch noch unerschlossen – mit Ausnahme der **Playa Covarrubias** 5 N4, 76 km nördlich der Provinzhauptstadt Las Tunas.

An den goldgelben Stränden der **Bucht von Puerto Padre** 6 O4, Playa Herradura, Playa Llanita und Playa Las Bocas, die man über Holguín und eine holprige Piste etwas schwer erreicht, kann man hingegen preiswert in Privatunterkünften › S. 32 übernachten und echtes kubanisches Strandleben genießen.

Die Playa Herradura liegt sehr abgelegen in der Bucht vn Puerto Padre

SITIO HISTÓRICO BIRÁN 7 P5

Auf der etwa 75 km südöstlich von Holguín gelegenen Finca Manacas wurde der 2016 verstorbene und in Santiago beerdigte Fidel Castro am 13. August 1926 als uneheliches Kind geboren. Er verbrachte hier die ersten Lebensjahre bis zur Einschulung in eine katholische Schule in Santiago. Auf dem Anwesen sind einige Mitglieder der wohlhabenden Familie bestattet. In Fidels Geburtshaus gewähren Originalmöbel, Fotos und Staatsgeschenke Einblick in die Geschichte (Tel. (24) 28 6114, Di–Sa 9–15, So 9–12 Uhr; Eintritt mit Führung: 10 CUC).

BAYAMO 8 ★ 05

In der Hauptstadt der Provinz Granma (170 000 Einw.) fahren viele *Duque*- und *Milord*-Pferdekutschen. Sie verleihen dem Ort einen beschaulichen Charakter. Tatsächlich herrscht hier aber Revolutionsgeist. 1513 wurde die Stadt von Diego Velázquez gegründet. Die erste Rebellion entfachten um 1530 die Indianer. Wenig später begehrten Sklaven in den Goldminen auf. Die rigide Wirtschaftspolitik der spanischen Krone bremsten die Bayameses durch regen Schmuggel aus. Kein Wunder, dass hier Céspedes' Freiheitsgedanken auf fruchtbaren Boden fielen und Martís Kampf gegen die Spanier stattfand.

Die **Casa Museo de Manuel de Céspedes**, das Geburtshaus des in Kuba verehrten »Vater des Vaterlandes« › S. 129. Die Villa birgt Mobiliar und Dokumente des späten 19. Jh. (Maceo 57, Tel. (23) 42 3846, Di–Sa 9–17, So 9–13 Uhr).

Im neoklassizistischen Haus nebenan (Museo Provincial, Maceo 58) wurde Manuel Muñoz Cedeño geboren, der Komponist der kubanischen Nationalhymne, die den Titel *La Bayamesa* trägt.

In der Nähe erhebt sich die hübsche **Iglesia San Salvador**. Als Bayamo im ersten Unabhängigkeitskrieg 1869 von Kolonialtruppen gestürmt wurde, zerstörten die Bewohner alles Wertvolle. Übrig blieb die 300 Jahre alte »Kapelle der leidenden Maria« (Palma 130, Plaza del Himno, tgl. 9–12, 15–17 Uhr).
› mehr S. 15 Punkt 26

HOTEL

Hotel Royalton €€

Stadthotel mit ruhigen Zimmern, gutem Restaurant und belebter Terrasse.

- Parque Céspedes | Maceo 53 | Bayamo
  Tel. (23) 42 2290 | www.islazul.cu

RESTAURANT

La Bodega €

Gute Rindersteaks sind die Spezialität des Hauses, ab 21 Uhr Nachtklub mit Livemusik.

- Plaza del Himno Nacional 34
  Bayamo | Tel. (23) 42 1011

MANZANILLO 9 ★ N5

Die rund 100 000 Einwohner der Hafenstadt am Golf von Guacanayabo leben im Rhythmus des hier erfundenen *son,* der in der untouristischen Casa de la Trova (Merchan 213, tgl. 21–24 Uhr) zu hören ist. Besucher werden meist von der im maurischen Stil gestalteten Architektur im Stadtkern angezogen.

HOTEL

Guacanayabo €

Einziges Hotel der Stadt, schlichte Zimmer, Pool, mittelmäßiges Restaurant, Nightclub.

- Avenida Camilo Cienfuegos | Manzanillo
  Tel. (23) 57 4012 | www.islazul.com

RESTAURANT

Las Américas €

Sehr nettes Restaurant mit traditioneller kreolischer Küche.

- Maceo esq. Martí | Parque Céspedes
  Manzanillo | Tel. (23) 57 3043

DIE SIERRA MAESTRA

10 ★10 M6–P6

Die höchste Gebirgskette Kubas erstreckt sich vom Cabo Cruz im Westen über etwa 240 km nach Osten. Die Nordhänge sind siedlungsfreundlich und für den Kaffeeanbau geeignet. An der fast unbewohnten Südseite, die von einer **Küstenstraße** erschlossen wird, wechseln sich steile Gebirgszüge und stille Buchten ab. Die Aussicht ist spektakulär, aber die durch Hurrikans, Erdrutsche und Steinschläge beschädigte Straße erfordert die volle Aufmerksamkeit des Fahrers. Unterwegs bei **Chivirico** oder **Marea del Portillo** kann man im Meer baden.

Höchster Berg der Sierra Maestra und Kubas ist der **Pico Turquino**

(1972 m). Zwischen Vulkangestein und Felsen gedeihen in den höheren Lagen verschiedene Farnarten – teils baumhohe –, weiter unten Mahagonibäume und Zedern. Zum Gipfel wandert man am besten zwischen Dezember und April, also nicht in der Regen- und Hurrikanzeit, und startet vom Bergdorf Santo Domingo im Norden (1- oder 2-Tages-Tour mit 30 bis 36 km). Der eintägige steilere Aufstieg von Süden her ist nur etwas für trainierte Bergsteiger (Infos: Flora y Fauna Visitor Center, Santo Domingo, Tel. (23) 56 5349, Buchung: Ecotur, Bayamo, Tel. (23) 48 7006, www.ecoturcuba.tur.cu; 1- oder 2-Tagestour: 60–104 CUC, inkl. Eintritt, Verpflegung, Unterkunft im Lager Joaquín, obligatorischem Führer, Transport zum Alto Naranjo).

Der eigentliche Aufstieg zum Gipfel startet am **Alto de Naranjo**, den man über Kubas steilste Straße erreicht. › mehr S. 16 Punkt 32 Die

KUBAS REBELLEN

Fidel Castro Ruz wurde am 13. August 1926 in Birán im nördlichen Oriente geboren. Sein Vater, vom spanischen Soldaten zum wohlhabenden Plantagenbesitzer aufgestiegen, schickte den Sohn in ein Jesuitenkolleg in Santiago de Cuba. Als Jurastudent und Anwalt organisierte er den Widerstand gegen Batista mit. Trotz aller Kritik am *máximo líder*, der von 1959 bis 2008 Staatschef war und 2016 starb, rechnen die Kubaner ihm sein Eintreten für soziale Gerechtigkeit hoch an.

Ernesto Che Guevara kämpfte an der Seite Castros in der Sierra Maestra. Der 1928 geborene Argentinier war eigentlich Arzt; in Kuba wurde er Industrieminister und Bankchef. Er war der Chefideologe der kubanischen Revolutionäre. Sein Traum war die Schaffung des »neuen Menschen«, selbstlos, solidarisch und revolutionär und ohne materielle Interessen. Seine Popularität und die wirtschaftspolitischen Fehlgriffe des Amateurökonomen führten jedoch zu Misstönen zwischen den führenden Köpfen. 1965 verließ Che schließlich Kuba. Beim Guerillakampf in Bolivien wurde er 1967 erschossen.

José Martí ist Kubas größter Nationalheld. Schon als 15-Jähriger agitierte der 1853 in Havanna geborene Idealist in seinen Schriften gegen die Kolonialregierung. Der wegen seiner politischen Einstellung aus Kuba ausgewiesene Essayist und Lyriker erschrieb sich im Exil sein Image als Apostel des freien Amerika. Den Unabhängigkeitskrieg von 1895 bereitete Martí geistig und politisch vor. Er fiel 1895 aber bereits in den ersten Kampftagen bei Bayamo.

Carlos Manuel de Céspedes, der 1819 in Bayamo geboren wurde, avancierte zum Verfechter von Freiheit und Gleichheit. Nachdem der Anwalt am 10. Oktober 1868 die Sklaven auf seiner Plantage La Demajagua bei Manzanillo freigelassen hatte, brach der erste Unabhängigkeitskrieg gegen Spanien los. Céspedes kämpfte bis zu seinem Tod 1874 an der Spitze der Rebellen.

Karte S. 122

6-km-Wanderung führt zur 1200 m hoch gelegenen **Comandancia de la Plata**, dem Hauptquartier der Rebellen. Neben Castros Hütte und dem Feldlazarett ist auch die Sendestation des von Che gegründeten Radio Rebelde erhalten (nur mit Führer, 3–4 Std.; ca. 37 CUC).

Das Gelände war ideal für den Guerillakampf, den Fidel Castro und Che Guevara von hier aus führten. In der Sierra Maestra fand das berühmte erste Interview mit Castro statt, der 1956 nach der missglückten Granma-Landung an der Playa de las Coloradas von Batista kurzerhand für tot erklärt worden war. Monate später lud Castro den Journalisten H.L. Matthews von der New York Times in die Berge ein, um der Welt zu beweisen, dass er quicklebendig war.

Durch die herrlich wilde Natur des Sierra Maestra Nationalparks führen diverse Wanderwege vom Visitor Center in Santo Domingo aus, wie der »Pico Palma Mocha« (8 km) oder der »Margénes del Yara« (3,5 km). Während der Regen- und Hurrikanzeit kann der Park geschlossen sein. Vorher erkundigen! (Nationalparkzugang: Visitor Center, Santo Domingo, tgl. 6–16 Uhr).

HOTELS

Brisas Los Galeones €€

Herrlich Lage über dem Meer; 36 Häuschen, Pool, Mini-Strand (300 Stufen!).

- Ctra. Chivirico km 72
  Chivirico
  Tel. (22) 32 9110
  www.hotelescubanacan.com

Club Amigo Marea del Portillo €

- Ctra. de Pilón, km 12
  Marea del Portillo | Tel. (23) 59 7081
  www.hotelescubanacan.com

Villa Santo Domingo €

Bungalows und Blockhäuser idyllisch am Fluss Yara gelegen.

- Ctra. la Plata, km 16 | Santo Domingo
  Tel. (23) 56 5568 oder in Havanna:
  Tel. (7) 832 7718 | www.islazul.cu

PARQUE NACIONAL DESEMBARCO DEL GRANMA 11 M6

Von Manzanillo bietet sich ein Ausflug zur Landestelle der *Granma* an. Mit dem Boot setzen die Rebellen um Fidel Castro 1956 von Mexiko nach Kuba über. Dort wurden sie von Batistas Soldaten erwartet und fast alle erschossen. Nur einer Handvoll gelang die Flucht in die Sierra Maestra. Vor Ort steht eine Replik des Boots (Original im Museo de la Revolución › S. 60). Wer Mückenschwärme nicht scheut, findet im Nationalpark fast unberührte Mangroven- und Waldlandschaften. Die Terrassen ums **Cabo Cruz** sind UNESCO-Weltnaturerbe (Playa Las Coloradas, Tel. (23) 57 7935, tgl. 8–18 Uhr, Eintritt 5 CUC).

Auf dem Weg zum Nationalpark bietet sich 13 km südlich von Manzanillo ein Besuch im **Museo Histórico La Demajagua** an. Es befindet sich auf der Plantage, auf der Carlos Manuel de Céspedes 1868 zum Kampf gegen Spanien aufrief. Erhalten blieb die Freiheitsglocke,

Fortbewegungsmittel Nummer eins sind auch in Santiago de Cuba die eigenen zwei Beine

1947 von Fidel Castro nach Havanna entführt (Ctra. Manzanillo-Niquero km 3, Mobil-Tel. 052 19 40 80, Mo–Sa 8 bis 17, So 8–12 Uhr).

SANTIAGO DE CUBA

12 ★11 P6

Kubas zweitgrößte Stadt (500 000 Einwohner) wirkt Vergleich zu Havanna eher provinziell. Doch die Santiagueros gelten als temperamentvoller und aufgeschlossener als ihre Landsleute im Nordwesten. Die Kulturen von Spaniern, Franzosen und Afrikanern vermischten sich in dieser herrlich gelegenen Stadt zu einem besonders bunten und lebendigen Cocktail.

PARQUE DE CÉSPEDES Ⓐ

Der Mittelpunkt der Altstadt erhielt seinen Namen von eben jenem Freiheitskämpfer › S. 129. Am schönsten Platz Santiagos hatten die Spanier die Schaltzentralen ihrer kolonialen Macht errichtet, hier mussten sie aber auch 1898 öffentlich ihre Kapitulation gegenüber den USA verkünden. Spanien verlor mit Kuba seine letzte Kolonie. Heute wirkt der schattige Platz mit seinen Steinbänken friedlich. Am Wochenende amüsieren sich Kinder bei Fahrten mit kleinen Ziegenkutschen.

Beherrscht wird der Park von der **Catedral** Ⓑ, dem Wahrzeichen Santiagos. Der ursprüngliche Bau von 1528 wurde 1678 durch ein Erdbeben zerstört. Die wieder aufgebaute Kirche setzten die Engländer 1762 in Brand. Neue Schäden richtete das Erdbeben 1852 an. 2013–15 wurde die Kirche von Grund auf erneuert. Besonders schön ist der große Chor mit dem aus Edelholz geschnitzten Gestühl.

Diego Velázquez de Cuéllar fand unter der Kathedrale angeblich seine letzte Ruhestätte (Museum: Mo bis Fr 9–17, Sa/So 9–11 Uhr).

Das **Ayuntamiento** C, das Rathaus, ist auch Sitz der kubanischen Volksmacht *(poder popular)*. Auf dem mittleren der zierlichen Holzbalkone des Gebäudes verkündete Castro am Neujahrstag 1959 den Sieg der Revolution.

Auch der Stadtgründer und erste Gouverneur Diego Velázquez de Cuéllar residierte ab 1522 am Céspedes-Park. Die 1516 im andalusischen Mudejarstil erbaute **Casa de Diego Velázquez** D ist das älteste erhaltene Gebäude Kubas. Hier dokumentiert das Kolonialmuseum die Wohnkultur des 18./19. Jhs. Das wertvolle Mobiliar und die Dekoration zeigen den Luxus, in dem die Pflanzeraristokratie dank der üppigen Kaffee- und Zuckerrohrernten sowie des Kupferabbaus – und der Sklaven! – lebte. (Tel. (22) 65 2652, Mo–Do, Sa 9–13, 14–16.30, Fr 14 bis 16.30, So 9–13 Uhr). › mehr S. 16 Punkt 31

An der Nordseite des Platzes verströmt das **Hotel Casa Granda** › S. 137 den Charme der ausgehen-

A Parque de Céspedes
B Catedral
C Ayuntamiento
D Casa de Diego Velázquez
E Casa Natal de José María Heredia
F Museo Emilio Bacardí
G Museo del Carnaval
H Padre Pico
I Fábrica de Tabaco Cesar Escalante
J Rumfabrik Caney
K Museo Casa Natal de Antonio Maceo
L Plaza de la Revolución
M Moncada-Kaserne

Santiago de Cuba wird wieder von US-amerikanischen Kreuzfahrtschiffen angelaufen

den Kolonialzeit. Von Veranda oder Dachterrasse aus kann man in aller Ruhe das Treiben im Park beobachten. An der Nordostseite des Parks bietet die **Casa de Té** verschiedene Teesorten an – mit und ohne Rum.

LA ENRAMADA

Parallel zum Céspedes-Park verläuft die belebte Enramada (Calle Saco), Lebensader und Haupteinkaufsstraße Santiagos. Die Auslagen der Schaufenster beschränken sich auf das Notwendige. Farben und Leuchtreklame stammen noch aus vorrevolutionärer Zeit.

ENTLANG DER CALLE HEREDIA

Die enge Straße, die teils für Autos und Fahrräder gesperrt ist, bietet vom Céspedes-Park in östlicher Richtung jeden Tag viel Abwechslung. Hier findet unregelmäßig sonnabends ab 21 Uhr der *sábado de rumba* statt: Kleine Imbissstände werden aufgebaut, verschiedene Bands spielen auf, die Santiagueros tanzen – auch mit den Touristen.

Die **Casa Natal de José María Heredia** **E** ist das Geburtshaus des Dichters José María Heredia (1803 bis 1839). Seine in Verse gefassten Freiheitsideen verübelten ihm die spanischen Kolonialherren. Der arme Poet hatte ein kurzes, leidvolles Leben, größtenteils im mexikanischen Exil. Sein Geburtshaus mit dem schönen Innenhof bietet den Rahmen für Lesungen und Konzerte (Heredia 260 e/ Hartmann y Pío Rosado, Di–Sa 9–19, So 9–14 Uhr).

Schräg gegenüber gründete Don Emilio, Mitglied der berühmten Rum-Dynastie › S. 134, 1899 das **Museo Emilio Bacardí** **F** mit einer Sammlung, die sich ganz uneitel nicht etwa mit der Firmengeschichte, sondern mit Archäologie, Kolonialkunst und Stadtgeschichte befasst (Pío Rosado esq. a Aguilera, Di–Sa 9–11.45, 13–16.15, Mo 13 bis 16.15, So 9–12 Uhr).

Das kleine **Museo del Carnaval** G beschreibt die Geschichte des kubanischen Karnevals. Furchterregende Masken, aufwendige Kostüme, Plakate und Fotos vermitteln immerhin eine Vorstellung von dem Trubel, der in der letzten Juliwoche die gesamte Stadt und all ihre Bewohner erfasst (Tel. (22) 62 6955 Heredia 303 e/ Pío Rosado, Mo 14 bis 17, Di–Sa 9–13 und 14–17, So 9–13 Uhr; afrokubanische Tanzshow: Mo–Sa 16 Uhr).

PADRE PICO H

An der eleganten Treppenstraße zwischen Ober- und Unterstadt siedelten sich einst die meisten der aus Haiti eingewanderten französischen Kaffeebarone an. Heute treffen sich die Santiagueros auf den Stufen gern zum Domino oder Karten spielen. Am Ende der steilen Treppe wird man mit einem Rundblick über die Stadt belohnt.

TABAK- UND RUMFABRIKEN

In der **Fábrica de Tabacos Cesar Escalante** I erlebt man die Metamorphose von Tabakblättern zur Edelzigarre der Marke »Romeo y Julieta« (Ave. Jesús Menéndez e/ Aguilera y Aduana; Mo–Fr 9–11,

HOCHPROZENTIGES

Der Erfolg des kubanischen Rums begann in Santiago: In einer kleinen Destillerie, unter deren Blechdach Fledermäuse – Glückssymbol in Kuba – gehaust haben sollen, gewann Facundo Bacardí nach einigen Experimenten mit Hefeextrakten, Kohlefilterung und Lagerung um 1855 einen leichten, klaren Rum. Der bis dahin auf der Zuckerrohrinsel gebrannte Rum war scharf und praktisch ungenießbar. Als der Staat die Familie Bacardí nach der Revolution 1960 enteignete, hatte die 1862 gegründete Firma ihren Sitz bereits nach Puerto Rico verlegt. In Kuba kann man den Rum mit dem berühmten Fledermauslogo garantiert nicht kaufen.

Kuba führte die Rumherstellung mit bewährten Rezepturen fort und griff dabei auf die 1934 von José Arechabala S. A. in Cárdenas geschaffene und 1959 verstaatlichte Marke Havana Club zurück. Inzwischen stellt auch Bacardí einen Rum nach dem Arechabala-Rezept unter dem Namen Havana Club her. Die andauernden Markenrechtsstreitigkeiten sind kompliziert. Auf Kuba bekommt man den seit 1977 in Santa Cruz del Norte hergestellten Rum.

Der Añejo 15 Años von Havana Club, der 15 Jahre in Eichenfässern reift, ist der beste und mit 60 CUC teuerste Rum. Die braunen fünf- und siebenjährigen Sorten werden pur nur mit Eis getrunken (6–8 CUC pro Flasche); der weiße, drei Jahre alte Rum (5 CUC) ist die Grundlage zahlreicher Cocktails wie Mojito und Daiquiri.

13–15 Uhr, 5 CUC, nach Voranmeldung unter Tel. (022) 62 2366).

Ein paar hundert Meter nördlich macht sich die **Rumfabrik Caney** (J) schon aus der Ferne durch ihren süßlich-herben Duft bemerkbar. Besichtigen kann man die Fabrik zwar nicht, aber man kann in der Rumbar diverse Sorten Havana Club probieren und kaufen (Ave. Menéndez esq. a Gonzalo de Quesada, tgl. Mo–Sa 9–17 Uhr).

REVOLUTIONSDENKMÄLER

Auf dem Weg zur Plaza de la Revolución im Norden der Stadt bietet sich ein Abstecher zum **Museo Casa Natal de Antonio Maceo** (K) an. Im schlichten Geburtshaus des Generals Antonio Maceo (1845 bis 1896) wird die Geschichte des zweiten kubanischen Unabhängigkeitskampfs in den Jahren 1895–1898 dokumentiert. Maceo siegte mit nur 1400 Freiheitskämpfern *(mambises)* gegen die mit 182 000 Soldaten übermächtigen Spanier (Maceo 207 esq. a Corona, Tel. (22) 62 3750, Mo–Sa 9–17 Uhr).

Wie jede größere Stadt in Kuba hat auch Santiago eine **Plaza de la Revolución** (L). Das martialische Revolutionsdenkmal zeigt ein bronzenes Reiterstandbild des tollkühnen Generals Antonio Maceo.

Von hier aus kann man mit dem Taxi zum **Cementerio Santa Ifigenia** fahren. Die Attraktion der Gräber und Totenhäuser auf dem Friedhof ist das gigantische Mausoleum des Freiheitsapostels und Dichters José Martí › S. 129. Sechs Säulen tragen den offenen Rundbau, sodass

Reiterstandbild des Antonio Maceo

das Standbild Martís im Innern von allen Seiten im besten Licht erscheint. Alle 30 Min. wird die Ehrenwache vor dem Grabmal abgelöst. Dagegen wirkt die Grabstelle Fidel Castros (1926–2016) mit dem schlichten Findling recht bescheiden. Sehenswert ist auch das Grab des Musiker Compay Segundo (1907–2003) von Buena Vista Social Club auf der rechten Friedhofsseite (Ave. Crombet, Tel. (22) 63 2723, tgl. 7–17 Uhr). › mehr S. 16 Punkt 27

Batista nahm die 1859 erbaute **Moncada-Kaserne** (M) im östlichen Teil des Stadtzentrums 1952 zum Ausgangspunkt für seinen Putsch. Im Gegenzug wurde das Symbol der Diktatur ein Jahr später zum Angriffsziel der bärtigen Revolutionäre um Fidel Castro. Ein Revolutionsmuseum einnert an die bewegten Zeiten (Eingang Calle Gen. Portuondo, Tel. (22) 66 1157, So/Mo 9–12.30, Di–Sa 9–16.30 Uhr).

EL MORRO

Einen der schönsten Ausblicke auf die Stadt, die Sierra Maestra und die karibische Küste bietet das Castillo de San Pedro de la Roca, umgangssprachlich Castillo del Morro genannt. Die Festung wurde 1638 bis 1710 auf den Klippen über der Einfahrt zur flaschenförmigen Bahía de Santiago zum Schutz gegen Freibeuter und andere Feinde erbaut. Die Ähnlichkeit mit der Festung El Morro in Havanna ist nicht verwunderlich: Beide entwarf Architekt Juan Batista Antonelli. Der Pirat Henry Morgan gab mit den Worten auf, dass das Bollwerk so sicher sei, dass man zu seiner Verteidigung nur einen Mann, eine Pistole und einen Hund brauche. Es wurde als das besterhaltene und vollständigste Beispiel der spanisch-amerikanischen Militärarchitektur 1997 zum UNESCO-Weltkulturerbe erklärt. In der Festung ist heute ein **Piratenmuseum** untergebracht (Ctra. del Morro km 7,5, Tel. (22) 69 1569, Sommer tgl. 9–19, sonst bis es dunkel wird, ca. 18 Uhr).

BUCHT VON SANTIAGO

Sehr zu empfehlen ist eine Taxifahrt entlang der tief in den schroffen Fels der Sierra Maestra eingegrabenen Bucht. Die Boote legen in der Regel einmal pro Stunde am Hafensteg von Punta Gorda ab. Die Pfahlbauten am Ufer haben durch Wind und

STURM AUF DIE MONCADA-KASERNE

Batista hatte sich bei den Kubanern bereits während seiner ersten Präsidentschaft von 1940 bis 1944 einen Namen als Schlächter gemacht. Als der verhasste Diktator 1952 zum zweiten Mal putscht, revoltiert die Studentenschaft. Der damals unbekannte 28-jährige Rechtsanwalt Fidel Castro Ruz klagt den Despoten wegen Rechtsbruchs an. Die Klageschrift landet auf Batistas Schreibtisch und verschwindet dann einfach.

Da alle Rechtsmittel versagt hätten, argumentiert Castro, bleibe nur noch die Revolution. Am frühen Morgen des 26. Juli 1953 – ganz Santiago de Cuba taumelt noch im Karnevalsfieber – greifen 150 Männer unter Führung von Castro die Moncada-Kaserne an. Doch zu früh löst Castro durch einen Schuss das Startsignal aus. Die alarmierten Soldaten schießen sofort zurück. Die meisten Rebellen sterben durch Folter. Fidel Castro wird der Prozess gemacht. Mit seinem brillanten Plädoyer stößt er auf Sympathien in der unzufriedenen Bevölkerung. »Verurteilt mich«, sagt Castro am Schluss, »die Geschichte wird mich freisprechen« – *La historia me absolverá.*

Fidel Castro kommt in das berüchtigte Modelo-Gefängnis auf der Isla de la Juventud. Auf Druck der Bevölkerung werden er und sein Bruder Raúl 1955 amnestiert und ins Exil nach Mexiko verbannt. Dort lernt der Chefrevolutionär Ernesto Che Guevara kennen und kehrt mit ihm nach Kuba zurück, um den Guerillakampf zu beginnen …

Die Inselbewohner von Cayo Granma leben vor allem vom Fischfang

Wetter schon etwas gelitten, verbreiten aber noch das Flair des French Quarter in New Orleans. Die vielen französischen Pflanzer, die während der Sklavenrevolution von Haiti herüberkamen, haben deutliche Spuren hinterlassen.

Mitten in der Bucht liegt das Inselchen **Cayo Granma,** auf dem etwa 1400 Menschen in abgeschiedener Beschaulichkeit leben. Ein schöner Spaziergang führt in 20 Minuten um die Insel herum, ein Restaurant serviert Snacks. Auf dem Inselrücken thront die Iglesia de San Rafael (meist geschl.).

HOTELS

Casa Granda €€€

Grandhotel im Herzen Santiagos, mit schöner Dachterrasse, 62 leider recht hellhörige Zimmer. Bistro.

- Lacret y Heredia | Santiago de Cuba
  Tel. (22) 65 3021
  www.hotelescubanacan.com

Meliá Santiago de Cuba €€€

Postmoderner Luxus. Drei Pools, Tennis, Fitnessraum, Shoppingcenter, Disco.

- Avenida de las Américas y M
  Santiago de Cuba
  Tel. (22) 68 7070
  in Deutschland: Tel. 01802/12 17 23
  und 069/80 92 13 26
  www.meliacuba.de

Encanto San Basilio €€

Gemütliches Boutiquehotel im Kolonialstil mit acht Zimmern und kleinem Restaurant.

- San Basilio (Bartolomé Masó) 403
  Santiago de Cuba
  Tel. (22) 651702
  www.hotelescubanacan.com

Balcón del Caribe €

23 einfache *cabañas* (Fensterschloss prüfen!) und 72 Hotelzimmer. Mit Swimmingpool. Außerhalb Santiagos beim Flughafen, dafür mit Blick auf die Karibik.

- Ctra. del Morro km 7 | Santiago de Cuba
  Tel. (22) 69 1011 | www.islazul.cu

RESTAURANTS

El Barracón €€

Afrokubanisches Dekor mit Santería-Schrein und kreative kreolische Küche.

- Ave. Victoriano Garzón
  Santiago de Cuba | Tel. (22) 66 1877

Paladar Salón Tropical €€

Bester Paladar der Stadt mit kreolischem Essen und schöner Dachterrasse.

- Fernández Marcané 310
  Santiago de Cuba | Tel. (22) 64 1161

MUSIKALISCHE NÄCHTE

- **Casa de la Música,** zweimal in Havanna: Salsa bis zum Abwinken. > S. 68
- **Salón Rosado Beny Moré,** Havanna: Kubas authentischster Tanzspaß. > S. 69
- **La Comparsita,** Varadero: musikalischer Fluchtpunkt fernab der Hotelklubs. > S. 88
- **Casa de la Trova,** Matanzas: Auftritte von Kubas berühmten Rumba-Ensembles. > S. 89
- **Cubanísimo de Artex,** Cienfuegos: Salsa und Trova unter freiem Himmel. > S. 104
- **Casa de la Trova,** Trinidad: Vielfalt kubanischer Rhythmen – Bolero, Guaguancó, Son und Guaracha. > S. 108
- **Casa de la Trova,** Santiago: Kubas berühmteste Musikkneipe. > S. 139
- **Casa de las Tradiciones,** Santiago: Topadresse für Salsatänzer und -tänzerinnen. > S. 139

Zunzún €–€€

Erstklassige und sehr einfallsreiche Küche mit Tapas, Paella, Hummer und Knoblauchgarnelen, aber auch mit typisch kubanischer Hausmannskost – serviert als preiswerte Menüs.

- Ave. Manduley 159 e/ 5 y 7
  Vista Alegre | Santiago de Cuba
  Tel. (22) 64 1528

Bendita Farandula €

Winzig, gemütlich und günstig: In dem zweistöckigen Paladar werden große und leckere Portionen aufgetischt.

- Barnada 513 e/ Aguilera y Heredia
  Santiago de Cuba
  Tel. (22) 65 3739

Café Isabélica €

Das urigste Café im Oriente. Hier trifft man auch Kubaner.

- Plaza Dolores esq. a Aguilera y Calvario
  Santiago de Cuba
  Tel. (22) 62 2230

SHOPPING

Casa del Habano

Hier findet man die beste Auswahl an kubanischen Zigarren. Außerdem gibt es im Obergeschoss einen Rauchersalon und eine Bar.

- Ave. Jesús Menéndez 703
  (neben der Zigarrenfabrik)
  Santiago de Cuba

Discoteca Egrem

Hier findet man eine gute Auswahl an CDs.
> mehr S. 17 Punkt 34

- Saco 309 | Santiago de Cuba

Fábrica de Instrumentos Musicales

Hier fertigt man typisch kubanische Musikinstrumente, Gitarren, Trommeln.

Der elegante Sommeranzug ist seit den 1940er-Jahren etwas aus der Mode gekommen

- Patricio Lumumba 55
  Santiago de Cuba

Fábrica de Rón Caney
Verkauf der Rumsorten Rón Varadero und Rón Matusalem. Nur hier ist der 25 Jahre alte Rum Santiago de Cuba Extra Añejo 25 erhältlich, der in Porzellanflaschen verkauft wird.

- Ave. Jesús Menéndez
  e/ San Antonio y San Ricardo
  Santiago de Cuba

Galeria de Arte UNEAC
Eines der besten Geschäfte für Kunst- und Kunsthandwerk im Oriente, in der Nähe des Hotels Casa Granda › **S. 137.** Karnevalsmasken sind ein guter Kauf.

- Heredia e/ Hartmann y Pío Rosada
  Santiago de Cuba

In der Flaniermeile La Enramada reihen sich viele Läden auch für Kunst aneinander, z. B. **Casa de la Artesania**.

La Maison
Kosmetik, Schmuck und Mode aus Europa, Modeschauen tgl. ab 22.30 Uhr.

- Avenida Manduley e/ 1 y 3
  Santiago de Cuba

NIGHTLIFE

Casa de la Trova
In der berühmtesten Musikkneipe Kubas, benannt nach dem Santiaguero José (Pepe) Sanchez, dem Vater der Trova, treffen sich Künstler und Intellektuelle mit allen anderen. Hier entstand um 1959 der Protestsong im Trovastil. Fotos und Gemälde an den Wändern erinnern an die Altmeister. Die gefühlvollen, nachdenklichen Lieder sind schon ab mittags zu hören. Abends finden *noches culturales* statt, bunte Unterhaltungsabende. Livemusik im EG tgl. 13–20 (1 CUC), Konzerte im 1. Stock ab 22 Uhr (5–10 CUC). Von Busladungen voller Touristen nicht abschrecken lassen.

- Heredia 208 | Santiago de Cuba
  Tel. (22) 65 2689

MUSIK ZUM MITERLEBEN

Auf Kuba eine Stereoanlage zu besitzen, geht einher mit der Verpflichtung, sie möglichst weit aufzudrehen, um alle Nachbarn am Musikgenuss teilhaben zu lassen, auch – oder besser – gerade um ein Uhr nachts. Ein Autoradio oder ein krächzender Ghettoblaster mit ausgelutschten Batterien tun es auch. Auf der Straße kreischen Kinder, Hunde bellen, Hähne krähen, ein russisches Moped knattert, ein alter Chevy heult auf: So begleitet, klingt kubanische Musik am besten.

BUENA VISTA UND DIE FOLGEN

Mit Wim-Wenders-Melancholie hat das alles recht wenig gemein. Doch die Kubaner wissen, wie beliebt die Musik der inzwischen verstorbenen Herren des Buena Vista Social Club bei Touristen ist. Deswegen empfängt schon am Flughafen eine Combo die Ankömmlinge mit »Chan Chan«. Und ein findiges Reisebüro bietet in **Havanna** Stadtrundfahrten mit Oldtimern auf den Spuren von Wim Wenders oscarnominiertem Film an. Aber es gibt viele ältere Herren – und auch Damen auf Kuba mit musikalischen Talenten. Und wenn sich einige in der Casa de la Trova zu einer spontanen Session zusammenfinden, fragt keiner danach, wie sie heißen: Gut sind sie alle, und die meisten Lieder sind in Kuba allgemein bekannt.

Ebenso gut hätten Wenders und Ry Cooder aber auch nach **Manzanillo** im Oriente fahren können, wo der Son erfunden wurde. In die dortige Casa de la Trova › S. 128 verirrt sich kaum ein Tourist – authentischer geht es nicht.

Auf der großen Bühne geben die Musiker den Ton an

Fantastische Livebands kann man auch in **Trinidad** hautnah erleben: Zum Nulltarif auf der Freitreppe neben der Iglesia Santísima Trinidad oder gegen geringe Gebühr in der nahen Casa de la Trova › S. 108. Wer es bis nach **Santiago de Cuba** schafft, kann in der dortigen Casa de la Trova › S. 139 schon ab mittags den gefühlvollen und nachdenklichen Liedern der traditionellen kubanischen Musik lauschen.

Einer gibt den Rhythmus vor

ANDERE TÖNE

Die Jugend bevorzugt allerdings andere Töne, insbesondere Salsa in allen Variationen, auch wenn Stilpuristen bemängeln, dass die Salsa eigentlich ein Kunstprodukt der Latin-Musik ist. Aber Musik auf Kuba, das heißt auch ständige Weiterentwicklung – da mischen sich Jazz, Rock, Rap und Hip Hop in Rumba, Son und Salsa: Hauptsache, man kann danach tanzen.

Los Van Van, NG La Banda, Manolito y su Trabuco, Dan Den, Adalberto Alvarez, Isaac Delgado, Klimax oder Paulito y su Elite, so heißen die Stars der kubanischen Salseros, die am Samstagabend auch im Fernsehen zu bewundern sind.

Die Jugendlichen bevorzugen den sogenannten Reggaeton, eine harte, erotisch aufgeladene Mischung aus Reggaebeats und kubanischen Rhythmen. Die Texte sind oftmals ziemlich obszön und teilweise politisch riskant. Angesagt sind Gruppen wie El Medico, Topaz Sound, Control Cubano, Klan Destino und KLC Clave Cubana. 2008 sorgte Gorki Aguila, Mitglied der regimekritischen Punkrockband Porno Para Ricardo, für eine Welle internationaler Solidarität, als man ihn aufgrund sozialer Gefährlichkeit vorübergehend verhaftete. Gorki macht sich in seinen Texten über Fidel Castro und dessen Bruder Raúl lustig: So offen wagt das sonst niemand in Kuba.

MUSIKEMPFEHLUNGEN

- **Chucho Valdés:** Chucho's Steps (Harmonia Mundi). Feinster Cubajazz!
- **David Calzado y su Charanga Habanera:** Me sube la fiebre (EGREM). Eine der frechsten Salsa-Gruppen in Kuba.
- **César Pedroso:** Pupy y los que son son (Tropical/BMG). Mitreißende Salsarhythmen von einem ehemaligen Van-Van-Mitglied.
- **Orishas:** A lo Cubano (EMI). Kubas populärste Hip-Hop-Gruppe.
- **Cubaton 2012. Reggaeton de Cuba** (Urban Latin Records). Sampler mit kubanischem Reggaeton (2 CDs).

Karte S. 132

Casa de las Tradiciones

Wer Salsa tanzen will, ist in der winzigen Bar mit Garten genau richtig.

- Rabí 154 esq. San Fernando
  Santiago de Cuba
  Tel. (22) 65 3892

Santiago Café

Beliebtes Cabaret und Disco im Hotel Meliá Santiago de Cuba (bis 2 Uhr).

- Avenida de las Americas y Calle M
  Santiago de Cuba | Tel. (22) 68 7070

Tropicana

Die Konkurrenzveranstaltung zur Tropicana-Show in Havanna ist nicht ganz so touristisch. Mi–So 22 Uhr. Und Diskothek El Tropical (bis 5 Uhr).

- Autopista Nacional km 1,5
  Santiago de Cuba | Tel. (22) 64 2579

AKTIVITÄTEN

In der Musikhauptstadt Kubas ist das Angebot an afrokubanischen Percussionkursen besonders vielfältig. Man kann wählen zwischen Congas, Timbales, Shekere, Drumset und Bongos.

Casa del Caribe

Organisiert Workshops und vermittelt Privatlehrer. > **mehr S. 13 Punkt 10**

Tgl. 9–22 Uhr. Música tradicional, Salsa usw. Di–So ca. 17/18 Uhr. Peña de la Rumba, eine afrokubanische Folkloreshow So ca. 15/16 Uhr (ca. 3 CUC).

- Calle 13 No 154, Vista Alegre
  Santiago de Cuba
  Tel. (22) 64 3609

AUSFLÜGE VON SANTIAGO

EL COBRE 13 ★ P6

Der kleine Wallfahrtsort liegt rund 15 km westlich von Santiago mitten in der Sierra Maestra. Seit dem 16. Jh. wurde hier Kupfer *(cobre)*

Die Casa de las Tradiciones pflegt künstlerische und musikalische Traditionen

abgebaut. Majestätisch krönt eine weiße Basilika den Hügel. In der Kirche wird – je nach Glaubensvorstellung – die Virgen de la Caridad del Cobre verehrt, die wundertätige, dunkelhäutige Jungfrau der Barmherzigkeit, oder die Santería-Göttin *Oshún* › S. 42.

Der Legende nach fanden drei Fischer die kleine Holzstatue 1606 in der Bahía de Nipe an der Nordküste und brachten sie hierher. Die Gläubigen legen traditionell Votivgaben als Dank zu Füßen der Jungfrau ab, viele – meist gelbe – Blumen oder Schmuck, Orden, Stofftiere und vor allem Unmengen von aus Blech nachgeformten Körperteilen. Letztere sollen die an die Jungfrau gerichteten Gebete um Heilung eines Leidens nachdrücklich unterstreichen (tgl. 6.30–18; Messen: Do–Di 8, So 8, 10 und 16.30 Uhr).
› mehr S. 13 Punkt 6

BIOSPHÄRENRESERVAT BACONAO 14 P6

Zum Tagesausflug in das 800 km² große UNESCO-Biosphärenreservat zwischen Santiago de Cuba und der Laguna Baconao sollte man frühmorgens aufbrechen. Man fährt über Los Guasimas in den **Parque Nacional de Baconao** (ca. 28 km östlich von Santiago). In den Ausläufern der Berge wachsen Kaffeesträucher, Mango- und Guavenbäume, rund 15 verschiedene Farnarten sowie die kubanische Nationalblume *Mariposa*, ein Liliengewächs.

Der 1214 m hohe Gipfel der **Gran Piedra** (großer Stein) bietet besonders morgens eine wunderbare Aussicht. Man erklettert ihn über 452 schweißtreibende Stufen.

Vom Fuß der Gran Piedra führt ein 2 km langer Schotterweg zur Kaffeeplantage **La Isabélica,** die zum UNESCO-Weltkulturerbe gehört. Der restaurierte Komplex mit einem Wohnhaus, Lager, Gerätschaften und Kaffeeschälanlage spiegelt anschaulich das ungleiche Leben der Herren und Sklaven in dem *cafetal* des 19. Jhs. wider (Ctra. Gran Piedra, km 14, tgl. 9–17 Uhr).

Anschließend fährt man wieder zurück bis Los Guasimas. Wenige Kilometer südlich liegt die **Granjita Siboney,** eine als Hühnerfarm getarnte konspirative Versammlungsstätte der Guerillerabewegung des 26. Juli › S. 136. Im Haus sind neben Dokumenten, Fotos und Gewehren persönliche Gegenstände der Revolutionäre, die 1953 die Moncada-Kaserne stürmten, ausgestellt (Ctra. a Siboney km 13, Tel. (22) 69 8360, Mo 9–13, Di–So 9–17 Uhr).

Danach kann man etwas weiter südlich an dem bei Einheimischen sehr beliebten gelbbraunen Sandstrand **Playa Siboney** ein erfrischendes Bad nehmen.

Weiter östlich liegt die von Kubanern sehr gern besuchte Freizeitanlage **Valle de la Prehistoria,** in der etwa 200 lebensgroße Betondinosaurier in einer urzeitlich anmutenden Landschaft auf Besucher warten. Angeschlossen ist ein kleines Naturkundemuseum (Eingänge: Ctra. a Baconao km 8 und km 10, Tel. (22) 63 9239, tgl. 8–17 Uhr).

In der Nähe, gleich hinter der Cupet-Tankstelle, präsentiert das

Die Playa Bacanao liegt im Schutz einer Gebirgskette der Sierra Maestra

Museo Nacional de Transportes elegante US-amerikanische Oldtimer wie Cadillacs sowie Miniaturautos (Ctra. a Baconao km 10, Tel. (22) 63 9197, tgl. 8–17 Uhr).

Zwischen den Felsen der Gebirgslandschaft liegen viele Badebuchten, z. B. die **Playas Juraguá, Damajayabo** und **Bocajagua.** Der Untergrund ist allerdings an manchen Stellen felsig.

HOTEL

Club Amigo Carisol – Los Corales €€

Klubhotel im Park, umgeben von einer Vielzahl exotischer Pflanzen.

- Ctra. de Baconao, km 51
  Playa Cazonal | Tel. (22) 35 6113
  www.hotelescubanacan.com

RESTAURANT

Sitio Compay €€

Das Lokal im Geburtshaus von Compay Segundo über der Siboney-Bucht serviert kubanische Speisen, viele Meeresfrüchte und fangfrischen Fisch.

- Barco 3 | Playa Siboney
  Tel. (22) 39 9325

GUANTÁNAMO 15 Q6

Die Hauptstadt der gleichnamigen Provinz ist von modernen Plattenbauten geprägt. Die kaum erhaltene koloniale Architektur ist ein Erbe der im 19. Jh. aus Haiti geflohenen französischen Kaffeepflanzer. Diese brachten viele afrikanische Sklaven mit, deren Rhythmendie lokale Musik prägten. Einer heißt sogar Tumba Francesa. In der örtlichen **Casa de la Cultura** werden die Traditionen eifrig gepflegt.

Rund 30 km südlich liegt seit 1903 die US-Militärbasis, deren Pachtvertrag nur einvernehmlich gekündigt werden kann. Die USA verweigern jedoch die Aufgabe der Basis u. a. wegen ihrer strategischen Bedeutung bei der Kontrolle von Drogenrouten und als Internierungslager für mutmaßliche-Terroristen. Vom Aussichtpunkt **Mirador La Gobernadora** auf dem Loma de la Herradura etwa 27 km südöstlich von Guantánamo kann man einen Blick auf diese gigantische und hermetisch abgeschirmte Basis werfen (Ctra. a Baracoa km 22, mit Bar tgl. 10–18 Uhr).

Die Bewohner der Stadt Guantánamo sind gastfreundlicher als die Militärs, insbesondere am Sonnabend, wenn die **Calle Pedro A. Perez** zur Fußgängerzone umfunktioniert wird und bei Musik und Tanz der Rum in Strömen fließt. Das oft dargebotene, von José Martí getextete Lied »Guantanamera« besingt übrigens die *Guajira Guantanamera,* eine Stilrichtung des kubanischen Son aus den Bergen bei Guantánamo.

BARACOA 16 ★ R5

Die erste spanische Siedlung auf kubanischem Boden war bis in die 1960er-Jahre nur mit dem Schiff zu erreichen. Inzwischen ist die 1511 gegründete, erste Hauptstadt Kubas auf über 82 000 Einwohner angewachsen.

Das wahrscheinlich authentische Holzkreuz **Cruz de la Parra,** das Kolumbus nach seiner Landung 1492 in der Bucht errichtete, ist in der bescheidenen Kathedrale zu besichtigen. Die größte Attraktion von Baracoa ist das in den Höhlen Las Cuevas del Paraíso untergebrachte **Museo arqueológico,** das Grabfunde (Skelette, Keramik) und 3000 Jahre alte Felsritzungen der Taínos präsentiert (Loma del Paraíso, ca. 1 km westl.vom Hotel El Castillo, Tel. (21) 64 3862, Mo–Fr 8.30–17, Sa/So bis 12 Uhr).

Baracoa bezaubert Besucher durch seine einzigartige Atmosphäre. Schmale Straßen, gesäumt von verwitterten Häusern mit rostroten Ziegeldächern und Traufen, durchziehen das Tropenstädtchen. Der Ort erwacht am Sonnabend zu vollem Leben. Bei der *Noche Cubana* verwandelt sich die Fußgängerzone Calle Maceo in eine ausgelassene Freiluftbar. Überall wird getrunken und getanzt.

In Baracoa verleiht die allgegenwärtige Kokosnuss nicht nur gebratenem Thun- und Schwertfisch, sondern auch frischem Hummer einen besonderen Geschmack. Geradezu süchtig machen die fruchtigsüßen Kokoskugeln, *cucurucho* genannt. An der Passstraße La Farola werden sie leider oft in minderwertiger Qualität verkauft. Auch für seine Schokolade ist Baracoa bekannt, die allerdings weniger köstlich schmeckt als angepriesen.

In der ersten Aprilwoche feiert die Stadt den Volkshelden Antonio Maceo auf dem Malecón. Der General landete am 1. April 1895 bei Baracoa, um Kuba von den Spaniern zu befreien.

HOTELS

Porto Santo €€

Hübsche Hotelanlage in einer paradiesischen Bucht mit einem sehr guten kreolischen Restaurant.

- Ctra. al Aeropuerto
  Baracoa
  Tel. (21) 64 51 06
  www.gaviota-grupo.com

La Habanera €

Zentral gelegene Unterkunft mit zehn Zimmern im Kolonialstil, lauter sind die zur Gemeinschaftsterrasse, also am besten eins zum ruhigen Innenhof verlangen.

- Plaza Independencia
  Baracoa
  Tel. (21) 64 52 25
  www.gaviota-grupo.com

Trotz abgeschiedener Lage ist Baracoa ein schmuckes Städtchen – nicht nur für Urlauber

RESTAURANTS

La Casona €

Wie wäre es mit Fisch oder Garnelen in Kokos- oder Languste in Schokoladensoße auf der Veranda des geschichtsträchtigen Altbaus oder drinnen im Salon? > **mehr S. 14 Punkt 14**

- Martí 114 e/ Maravi y País Baracoa | Tel. (21) 64 11 22

La Punta €

Regionale Küche und Bar in einem ehemaligen Fort.

- Fortaleza La Punta | Bahía de Miel Tel. (21) 64 52 24

SHOPPING

Galeria Los Orishas

Der im Osten Kubas bekannte Maler Luis Eliades Rodríguez Martínez (ge. 1941) verkauft vor allem naiv-buntes aus der Welt der Santeríagötter, aber auch Porträts von Che Guevara (tgl. 10–19 Uhr).

- Martí 131 | Baracoa Tel. (21) 64 37 03

NIGHTLIFE

Casa de la Trova »Victorino Rodríguez«

Heißes Musikprogramm für die kühlen Nächte. Fr und So 10, Mo–Do, Sa ab 21 Uhr.

- Antonio Maceo 149 | Baracoa

AUSFLÜGE VON BARACOA

MIT DEM RAD NACH BOCA DE YUMURÍ 17 R5

Die Straße nach Boca de Yumurí (28 km östl. von Baracoa) bietet sich für eine Fahrradtour an, weil man dann unterwegs immer wieder an einer der schönen, schwarzsandigen Buchten ins Wasser springen kann. Das Fischerdorf Boca de Yumurí ist wegen seiner hübschen seltenen Wasserschnecken bekannt. Die Kubanische Buntschnecke *(Polymita picta)* existiert nur hier. Sie sieht aus, als hätten Künstler sie in allen möglichen Farben bemalt: Orange, Gelb, Weiß und Schwarz. Am Strand sucht man sie vergebens, denn sie lebt hauptsächlich auf den Kaffeebäumen. Man sollte den Anblick genießen, und die Gehäuser aus Gründen des Artenschutzes keinesfalls kaufen!

RÍO TOA UND TAFELBERG EL YUNQUE 18 R5

Üppig grüne Regenwälder mit klaren Flüssen und palmengesäumte Badestrände machen das Hinterland von Baracoa besonders reizvoll. Kubas wasserreichster Fluss, der Río Toa schlängelt sich durch zwei tiefe Canyons, bevor er in den Atlantik mündet. Flussaufwärts leben noch etwa 300 direkte Nachfahren der Taíno-Indios vom Stamm der Yateras. › mehr S. 13 Punkt 9

Besonders beliebt ist ein Ausflug zum Tafelberg **El Yunque**. Der mäßig anstrengende, jedoch schweißtreibende Aufstieg zum flachen Gipfel dauert 2–3 Stunden (mit Führer): Oben wachsen seltene Farn- und Orchideenarten. › mehr S. 13 Punkt 11

PLAYA MAGUANA 19 R5 UND PLAYA NAVA

Einheimische wie Touristen bevölkern die schmale, goldgelbe **Playa Maguana**, 26 km nordwestlich von Baracoa (Shuttlebus ab Baracoa tgl. 10, zurück ab Playa Maguana tgl. 16 Uhr). Einheimische bieten am Strand frische Fischgerichte an. Die **Playa Nava** 6 km weiter nördlich ist hingegen fast immer menschenleer.

HOTEL

Villa Maguana €€

Verschwiegenes Strandhotel.

- Tel. (21) 64 12 04 | Playa Maguana www.gaviota-grupo.com

PARQUE NACIONAL ALEJANDRO DE HUMBOLDT 20 12 Q5

Der Humboldt-Nationalpark zählt seit 2001 zum UNESCO-Weltnaturerbe. Eine geführte Wanderung auf dem Balcón de Iberia (7 km, 5 Std.) geht steil bergauf und bergab, bietet dafür aber immer wieder atemberaubende Ausblicke. Außerdem kann man unten im kühlen Fluss schwimmen. Wer es gemütlich mag, spaziert einfach an der Bucht entlang. Auf einer Bootsfahrt durch die Mangroven der Bahía de Taco sieht man mit viel Glück sogar Seekühe *(manatis)*, die bis zu 600 kg wiegen. Um sie nicht zu verletzen, entwickelte man eine spezielle Schiffsschraube.

Die Biologen des Besucherzentrums, die als Führer tätig sind, erklären die 1000 Blütenpflanzen und 145 Farnarten in dem einzigartigen tropischen Inselhabitat. 70 % aller Pflanzen kommen nur hier vor, und vielleicht erspäht man dank ihrer Hilfe seltene Vögel wie den kubanischen Amazonenpapagei (Ctra. a Moa km 34, Tel. (24) 38 1431, Nationalparkeintritt: 10 CUC; 8-Std.-Tour: ab 23 CUC, Flora y Fauna/ Ecotur, Baracoa, Tel. (21) 64 3665, www.ecoturcuba.tur.cu).

EXTRA-TOUREN

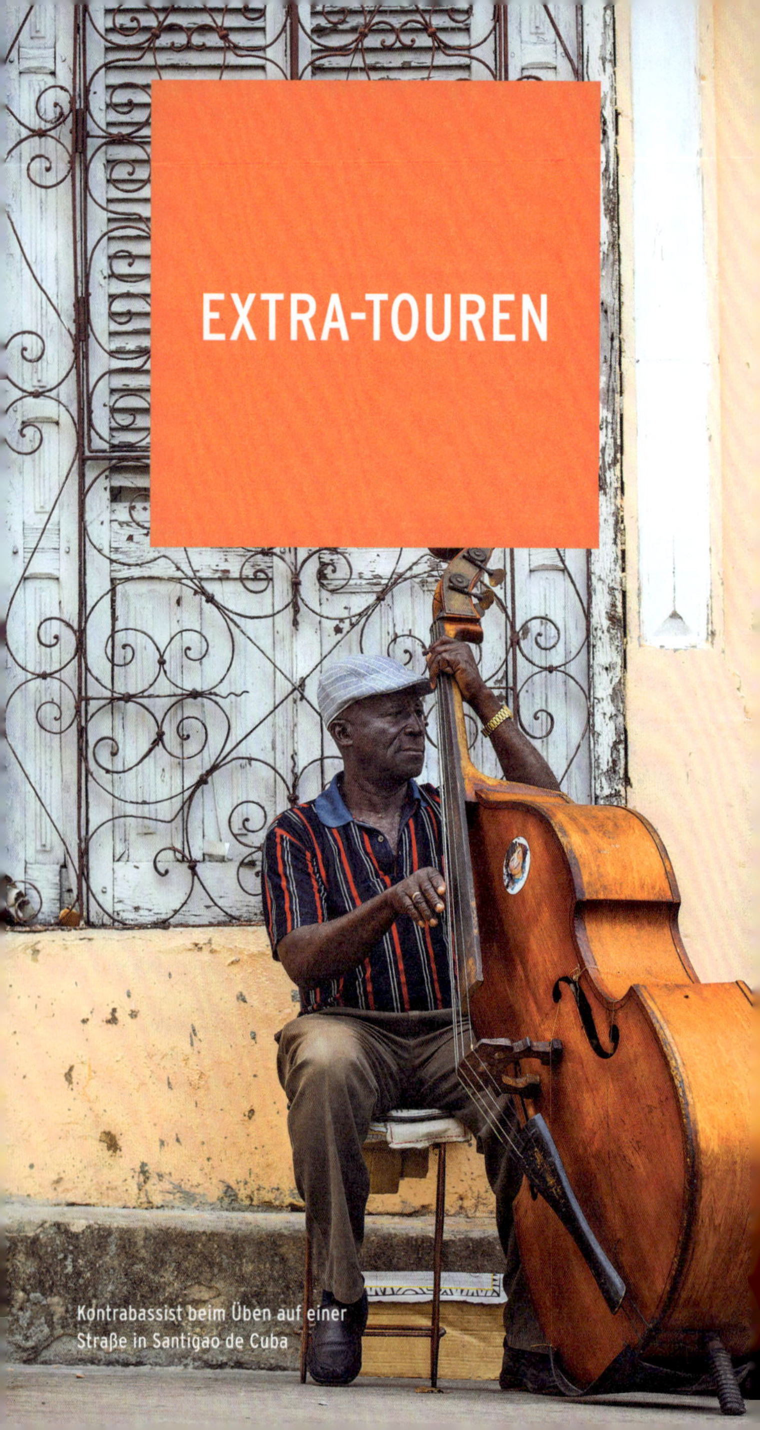

Kontrabassist beim Üben auf einer Straße in Santigao de Cuba

TOUR 11

VIER WOCHEN KUBA OHNE MIETWAGEN

ROUTE: Havanna > Viñales > Pinar del Río > Havanna > Cienfuegos > Trinidad > Sancti Spíritus > Santa Clara > Camagüey > Holguín > Bayamo > Santiago > Baracoa

KARTE: Klappe hinten

DISTANZEN: Diese Tour ist ohne Abstecher, z. B. nach Cayo Coco, zwar in 3 Wochen zu schaffen, will man entspannt reisen, sollte man aber 4 Wochen einplanen. Angegeben sind die reinen Fahrtzeiten der Viazul-Busse. **Havanna** > **Viñales** 3 Std.; **Viñales** > **Pinar del Río** > **Havanna** > **Cienfuegos** 7 Std.; **Cienfuegos** > **Trinidad** 1,5 Std.; **Trinidad** > **Sancti Spíritus** > **Santa Clara** 3,5 Std.; **Santa Clara** > **Ciego de Ávila** > **Camagüey** 5 Std.; **Camagüey** > **Holguín** 3,5 Std.; **Holguín** > **Bayamo** 1,5 Std.; **Bayamo** > **Santiago** 2 Std.; **Santiago** > **Baracoa** 5 Std.

VERKEHRSMITTEL:
Mit den komfortablen Mercedes-Bussen von Viazul kommt man in fast alle touristisch wichtigen Orte Kubas. Man sollte auf jeden Fall einige Puffertage einplanen, denn der Bus fährt schon mal einen Tag später ab. Viazul befördert Räder gegen einen kleinen Aufpreis. Für Radfahrer lohnend sind die Gegenden um Viñales, die Sierra del Escambray bei Trinidad und die Küste südlich von Bayamo und Baracoa. Man kann von Baracoa und Santiago zurück nach Havanna fliegen. Die Alternative ist der Zug *(tren francés)* von Santiago nach Havanna (ca. 16 Std.).

Die Tour führt von **Havanna** › S. 57 in die malerische Karstkegellandschaft von **Viñales** › S. 76. Von dort kann man herrliche Ausflüge in die dichten Wälder der Provinz Pinar del Río, zu Tropfsteinhöhlen und Tabakfeldern unternehmen. Nach ein paar Tagen reist man mit Viazul-Bussen über **Pinar del Río** › S. 75 und **Havanna** › S. 57 nach **Cienfuegos** › S. 101. Die schmucke Kolonialarchitektur der Sadt lohnt eine Besichtigung, bevor die Fahrt ins nahe **Trinidad** › S. 105 mit den kopfsteingepflasterten Gassen weitergeht. Über das charmante Städtchen **Sancti Spíritus** › S. 110 erreicht man das nächste Etappenziel **Santa Clara** › S. 110. Hier erweist man dem Helden der kubanischen Revolution, Che Guevara, die Ehre. Zudem sollte Zeit für einen Abstecher ins reizvolle Städtchen **Remedios** › S. 111 und zu den herrlichen Sandstränden von **Cayo Santa María** › S. 111 eingeplant werden. Fortgesetzt wird die Fahrt von Santa Clara über **Ciego de Ávila** › S. 100 nach **Camagüey** › S. 115. Die Besichtigung der Altstadt ist ein kultureller Höhepunkt. Am nächsten Morgen geht es weiter nach **Holguín** › S. 126. Von dort bietet sich ein Badeabstecher nach **Guardalavaca** › S. 124 an. Das nächstes Ziel der Tour ist **Bayamo** › S. 127, die Hochburg des kubanischen Unabhängigkeitskampfes. Von Bayamo aus erreicht man **Santiago de Cuba** › S. 131 mit dem Bus in rund einer Stunde. Kubas Musikhauptstadt lädt zu einem ausführlichen Bummel und vor allem zum Salsatanzen ein. Die abschließende Strecke führt über die Passstraße »La Farola« nach **Baracoa** › S. 145 Bei der Fahrt mit dem Bus kann man die Serpentinen voll genießen. In dem gelassen munteren Küstenort, dessen von dichtem Regenwald gesäumte Strände sich herrlich zum Relaxen eignen, lässt man die Reise ausklingen.

TOUR 12

DREI WOCHEN ¡VIVA LA REVOLUCIÓN!

ROUTE: Holguín › Sitio Histórico Birán › Santiago de Cuba › Marea del Portillo › Parque Nacional Desembarco del Granma › Manzanillo › Comandancia de la Plata › Bayamo › Santa Clara › Playa Girón › Cueva de los Portales › Havanna

KARTE: Klappe hinten

DISTANZEN: Angegeben sind die reinen Fahrtzeiten. **Holguín** › **Sitio Histórico Birán** 2,5 Std.; **Sitio Histórico Birán** › **Santiago** 3 Std.; **Santiago** › **Marea del Portillo** 7 Std. (teils über Schotterpiste); **Marea del Portillo** › **Parque Nacional Desembarco del Granma** 3 Std.; **Parque Nacional Desembarco del Granma** › **Manzanillo** 3 Std.; **Manzanillo** › **Comandancia de la Plata** 2–3 Std bis Alto de Naranjo, dann Wanderung 3–4 Std.; **Comandancia de la Plata** › **Bayamo** 1,5 Std.; **Bayamo** › **Santa Clara** ca. 7 Std.; **Santa Clara** › **Playa Girón** 3 Std.; **Playa Girón** › **Havanna** 3 Std.; **Havanna** › **Cueva de los Portales** 3 Std.; **Cueva de los Portales** › **Havanna** 3 Std.

VERKEHRSMITTEL:

Informieren Sie sich unbedingt in Santiago über den Zustand der Küstenstraße! Kuba macht es revolutionsbegeisterten Reisenden nicht leicht: Viele der wichtigsten Stätten sind ohne Mietwagen (für die Übernahme 1–3 Std. einkalkulieren) kaum zu erreichen. Viazul-Busse von Santiago nach Havanna halten in Bayamo, Holguín und Santa Clara. Von dort sind die beschriebenen Stätten in Tagesausflügen (evtl. mit Privattaxis) zu erreichen. Es empfiehlt sich die Buchung eines Gabelflugs: Hinflug nach Holguín, Rückflug von Havanna oder Varadero.

In **Holguín** › S. 126 landen viele Flieger aus Deutschland. Während die meisten Touristen sofort in die Hotels von Guardalavaca weitertransportiert werden, besuchen politisch Interessierte von Holguín aus am nächsten Tag

Auf Plakaten bleiben die kubanischen Revolutionäre ewig jung und in Erinnerung

erst einmal Fidels Geburtsort, den **Sitio Histórico Birán** › S. 127, um dann ein paar Stunden später **Santiago de Cuba** › S. 131 zu erreichen. Dort klappert man die vielen Museen für Revolutions- und Freiheitshelden ab. Sehr beschwerlich ist die Weiterfahrt über die durch Hurrikane und Erdrutsche beschädigte Küstenstraße von Santiago am Südhang der Sierra Maestra entlang. Am besten übernachtet man in **Marea del Portillo** › S. 130, bevor man am folgenden Tag zum Landeplatz der bärtigen Rebellen im **Parque Nacional Desembarco del Granma** › S. 130 und dann nach **Manzanillo** › S. 128 weiterfährt. Am nächsten Vormittag (Start spätestens 11 Uhr) kann man über Alto de Naranjo zu Fidels Hauptquartier **Comandancia de la Plata** › S. 130 in der Sierra Maestra pilgern. Am Abend erreicht man mit **Bayamo** › S. 127 einen wichtigen Schauplatz früherer Freiheitskämpfe der Kubaner. Von hier geht es längs über die Insel, eventuell mit einem Halt im eher unrebellischen Camagüey, nach **Santa Clara** › S. 110. Hier besiegelte Che Guevara mit der Stürmung eines gepanzerten Militärzugs das Schicksal des Diktators Batista. 1997 kehrten die sterblichen Überreste des Che aus Bolivien nach Santa Clara zurück, wo sie im monumentalen Mausoleum ruhen. Nach Übernachtung und Besichtigung am nächsten Morgen fährt man gen Westen nach **Playa Girón** › S. 92 an der Schweinebucht, wo die »Barbudos« 1961 die Invasion konterrevolutionärer Exilkubaner vereitelten. Hier oder an der nahen Playa Larga kann man die Nacht verbringen. Dann geht es über die Autopista nach **Havanna** › S. 57. In der Stadt besucht man natürlich zuerst das Museo de la Revolución und anschließend viele andere, vom revolutionären Geist beseelte Lokalitäten. Einige Tage später geht es weiter in die Provinz Pinar del Río im Westen Kubas. In der Höhle **Cueva de los Portales** › S. 78 bereitete Che Guevara sich während der Kubakrise auf den Atomkrieg vor, der gottlob nicht kam. Übernachtet wird im nahen **Viñales** S. 76. Zum Abschluss der Tour kehrt man nach **Havanna** › S. 57 zurück.

INFOS VON A–Z

ADRESSEN

Zur Orientierung wird der Schnittpunkt zweier Straßen angegeben. Mit »esq. a C« ist »an der Ecke *(esquina)* zu Straße C« gemeint, während »e/ A y B« für »zwischen *(entre)* Straße A und B« steht. Der Einfachheit halber wird *calle* (»Straße«) meist weggelassen.

ÄRZTLICHE VERSORGUNG

Sie ist im ganzen Land gesichert und liegt über dem Niveau anderer karibischer Länder. Wegen Versorgungsengpässen sollte man dringend benötigte Medikamente von zu Hause mitnehmen. Seit 1. Mai 2010 muss jeder Reisende bei der Einreise eine für Kuba und die vorgesehene Aufenthaltsdauer gültige Reisekrankenversicherung nachweisen.

BADEN

Bei roter Flagge ist das Baden verboten. Gelb bedeutet Vorsicht, Grün Entwarnung. Wegen der Seeigel an manchen Stränden sind Badeschuhe nützlich. Haie verirren sich selten in flache Küstengewässer. Knappe Bikinis und oben ohne sind verpönt. Wer die Hüllen fallen lässt, bekommt es mit der Polizei zu tun. FKK gibt es nur (inoffiziell) auf Cayo Largo › **S. 86**. Gute Sonnen- und Insektenschutzmittel gehören unbedingt ins Gepäck.

BARRIEREFREIES REISEN

Diskriminierungen jeglicher Art sind in Kuba verboten. Behinderten gegenüber sind die Menschen hilfsbereit. Es gibt aber keine speziellen Vorrichtungen, z.B. Rampen, Lifte, abgesenkte Bordsteine. Nur wenige, meist Ausländern vorbehaltene 4- oder 5-Sterne-Hotels bieten barrierefreie Zimmer an. Man kann mit tatkräftiger Hilfe von Passanten rechnen.

DIPLOMATISCHE VERTRETUNGEN

- **Deutsche Botschaft**
  (Embajada de la República Federal de Alemania),
  Calle B No. 652 esq. a 13,
  Vedado, Ciudad de La Habana
  Tel. (7) 833 3188,
  www.havanna.diplo.de
- **Österreichische Botschaft**
  (Embajada de la República de Austria)
  5ta Avenida 6617 esq. a 70,
  Miramar, Ciudad de La Habana
  Tel. (7) 204 2825, www.bmeia.gv.at
- **Schweizer Botschaft**
  (Embajada de la Confederación Suiza)
  5ta Avenida 2005 e/Calle 20 y 22
  Miramar-Playa, Ciudad de La Habana,
  Tel. (7) 204 2611,
  www.eda.admin.ch/havana

EIN- UND AUSREISE

Benötigt werden ein noch mindestens sechs Monate gültiger Reisepass sowie eine Touristenkarte, die die diplomatischen Vertretungen Kubas, Airlines oder das Reisebüro für etwa 25 € verkaufen. Individualreisende können inzwischen ohne Probleme die Adresse ihrer legalen *casa particular* in die Karte eintragen. Geschäftsleute und Journalisten müssen ein Arbeitsvisum beantragen.

- **Botschaft der Republik Kuba** (Deutschland), Stavanger Str. 20, 10439 Berlin, Tel. 030/44 71 73 19, Konsularabteilung: Gotlandstr. 15, 10439 Berlin, Tel. 030/44 79 31 09, http://misiones.minrex.gob.cu/es/alemania
- **Botschaft der Republik Kuba** (Österreich), Kaiserstr. 84, 1070 Wien, Tel. 01/877 81 98, http://misiones.minrex.gob.cu/es/austria
- **Botschaft der Republik Kuba** (Schweiz), Gesellschaftsstr. 8,

3012 Bern, Tel. 031/302 21 11
http://misiones.minrex.gob.cu/es/suiza

ELEKTRIZITÄT

Man sollte unbedingt einen Adapter für 110 Volt/60 Hertz einpacken. Nur manche neue 4- und 5-Sterne-Hotels haben auch 220-Volt-Anschlüsse.

FOTOGRAFIEREN

Abgesehen von Militäranlagen gibt es keine Beschränkungen. Speicherchips für Digitalkameras sind vor Ort zwar erhältlich, aber sehr teuer.

GELD UND WÄHRUNG

Die nationale Währung ist der kubanische Peso (CUP). Der US-Dollar wird als Zahlungsmittel nicht akzeptiert oder mit 10 % Strafabschlag getauscht. Unbedingt Euro oder Schweizer Franken in bar mitnehmen, die man vor Ort zum Tageskurs in »harte« *Pesos convertibles* (CUC) tauschen kann. Bei der geplanten Währungsreform soll der CUC wohl zugunsten des CUP abgeschafft werden (Stand: Sept. 2018). CUCs können bisher bei der Ausreise wieder in Devisen getauscht werden. In Varadero und Resorts werden oft Euro akzeptiert. Es emphiehlt sich, kleine Scheine mitzunehmen, denn schon ein 20-€-Schein bereitet beim Wechseln meistens Probleme.

Am Flughafen, bei den Mietwagen- und Reiseagenturen, in den größeren Hotels und Restaurants werden die europäischen Kreditkarten akzeptiert (MasterCard, Visa), allerdings sind die erforderlichen Geräte nicht überall vorhanden oder funktionsfähig. Karten und Reiseschecks von US-Banken (American Express, Citibank) werden nicht angenommen. Maestro-EC-Karten mit Mikrochip und V-Pay-System funktionieren in Kuba nicht! Mit Kreditkarte kann man bis zu 1000 € Bargeld abheben. Banken und Hotels wechseln Bargeld gegen eine Gebühr von 3–5 %. In den Städten sind CADECA-Wechselstuben verbreitet.

GEPÄCK

Packen Sie sommerlich-legere Kleidung ein. Strandkleidung ist in Städten unerwünscht. Gegen kühle Winde und erbarmungslos kalte Klimaanlagen helfen Wolljacke oder Pulli. Ein leichter Regenschutz gehört ebenfalls in jeden Koffer.

GESUNDHEIT

Ratsam sind neben den üblichen Impfungen (Polio, Diphtherie, Tetanus) auch die gegen Hepatitis A, Typhus, Tollwut, Cholera. Kein Leitungswasser trinken. > **mehr S. 19 Punkt 50**

INFORMATIONEN

Auskünfte erteilt das kubanische Fremdenverkehrsbüro c/o Kubanische Botschaft, Stavanger Str. 20, 10439 Berlin, Tel. 030/44 71 96 58, www.cubainfo.de, www.cubatravel.cu

INTERNET

Seit 2015 richtet die Regierung landesweit WLAN-Spots ein. Große Hotels bieten Internetzugang für Touristen (ca. 2 CUC/Std. pro Prepaid-Rubbelkarte, sehr langsam). In größeren Orten stellt die Telefongesellschaft ETECSA Terminals zur Verfügung (7–23 Uhr, 2–3 CUC/Std.).

URLAUBSKASSE

• Tasse Kaffee:	0,50–1 €
• Softdrink:	0,70–2 €
• Bier (Dose oder Flasche):	0,70–2 €
• Hühnchen mit Reis und Bohnen:	3,50 €
• Kugel Eis:	0,50 €
• Taxifahrt (pro km):	0,70 €
• Mietwagen/Tag:	ab 50 €
• 1 l Superbenzin:	1,40 €

ÖFFNUNGSZEITEN

Geschäfte sind in der Regel Mo–Sa 9.30 bis 19, Bank- und Postschalter 8.30–12 und 13.30–15 Uhr geöffnet. Arbeitsfrei ist jeder 2. Samstag. CADECA-Wechselstuben haben länger geöffnet. Museen haben oft So ab 12 Uhr und Mo zu.

POST

Briefmarken für Postkarten und Briefe kosten derzeit 0,75 bzw. 1 CUC (jeweils Luftpost); sie sind in Hotels und Postämtern (dort gegen nationale Pesos) erhältlich. Briefpost nach Europa kann bis zu sechs Wochen dauern.

PRESSE

Einzige Tageszeitung ist die »Granma« (www.granma.cu), das Sprachrohr der Partei; die »Granma Internacional« erscheint wöchentlich, auch auf Deutsch (www.granma.cu). »Opciones« (www.opciones.cu) ist eine Wochenzeitung für Wirtschaft, Finanzen und Tourismus. »Bohemia« (www.bohemia.cu) berichtet über teils brisante Themen. Die Jugend liest »Juventud Rebelde« (www.juventudrebelde.cu). Die Zeitung der Arbeiter heißt »Trabajadores« (www.trabajadores.cu).

SICHERHEIT

Kuba ist nach wie vor ein sicheres Reiseland mit hoher Polizeipräsenz. Dennoch sollte man keine Wertsachen im Koffer transportieren bzw. im Zimmer oder am Strand liegen lassen, Restaurantrechnungen und Wechselgeld prüfen, Mietwagen nachts nur auf bewachte Parkplätze stellen, in Garagen oder gegen eine kleine Gebühr bewachen lassen (ca. 2 CUC). Vorsicht vor gepantschtem Rum und gefälschten Zigarren bei Straßenhändlern. Weitere Infos: www.auswaertiges-amt.de.

TELEFON

Wer von Havanna eine Nummer in der Provinz anruft, wählt 01 vor (Varadero also 0145), von Provinzstadt zu Provinzstadt wählt man die 0 (Varadero also 045). Innerhalb der gleichen Stadt entfällt die komplette Vorwahl. Die internationale Vorwahl für Deutschland ist 119-49, für Österreich 119-43, für die Schweiz 119-41. Im Hotel kostet ein Telefonat nach Europa 4 CUC/Min. Es gibt Telefonkarten (*tarjeta telefónica* für 5, 10, 20 CUC) für nationale und internationale Gespräche, die in offenen Telefonboxen an der Straße, im Hotel oder bei ETESCA benutzt werden können (ca. 1 CUC/Min., komplizierte Einwahl mit Code-Nummern).

Kubanische Mobilnetznummern beginnen mit 05. Gespräche mit dem eigenen Handy und deutscher SIM-Karte ins Ausland kosten ca. 4–5 €/Min. Bei Cubacel (u. a. am Flughafen in Havanna) und den ETESCA-Büros können Verträge mit kubanischen SIM-Karten abgeschlossen werden (ca. 20 CUC, neue Telefonnummer). Über kubanische WiFi-Spots lässt sich mobil nach Deutschland telefonieren mit Facebook, WhatsApp und extrem preiswert über »IMO« (2 €/Std.): Beide Teilnehmer brauchen die App, in Kuba benötigt man zudem eine kubanische SIM-Karte.

TRINKGELD

Trinkgeld *(propina)* in CUC ist sehr willkommen, für viele existenziell – und Gästen beschert es meist einen besseren Service. Kofferträgern, Kellnern gibt man 1 CUC, bei höheren Rechnungen im Restaurant ca. 2 CUC, Zimmermädchen rund 3 CUC pro Woche, Reiseleitern ca. 1 CUC pro Teilnehmer und Tag.

ZOLL

In die EU dürfen abgabenfrei eingeführt werden: 200 Zigaretten oder 100 Zigarillos oder 50 Zigarren oder 250 g Rauchtabak; 1 l Rum (über 22 Vol.-% Alkohol) oder 2 l Zwischenerzeugnisse (unter 22 Vol.-%), Geschenke bis 430 € bzw. 300 CHF. > **mehr S. 19 Punkt 48**

REGISTER

BILDNACHWEIS

Coverfoto: Altstadt von Havanna, Kuba © Huber Images/Susanne Kremer
Fotos Umschlagrückseite: laif/Karl-Heinz Raach (links); Schapowalow/guillaume soularue (Mitte); laif/Thomas Linkel (rechts)

Alamy/age fotostock: 65; Alamy/Arco Images GmbH: 37; Alamy/Arterra Picture Library: 34/35; Alamy/imageBROKER: 18; Alamy/Wolfgang Poelzer: 95; Alamy/SERDAR: 140; APA Publications/Glyn Genin: 144; AWL Images/John Warburton-Lee Photography/Nigel Pavitt/: 71; AWL Images/Jane Sweeney: 116, 148; dpa Picture-Alliance/epa efe Estrella: 16; Fotolia/Frankix: 62; Getty Images/Education Images: 97; Getty Images/Lonely Planet Images: 125; Getty Images/Roberto Machado Noa: 89; Getty Images/EyeEm/Sergej Sorokin: 86; GlowImages/ImageBROKER RM: 139; Huber Images/Vittorio Sciosia: 106; Huber Images/Reinhard Schmid: 9 u; Jahreszeiten Verlag/Tim Langlotz: 49, 52, 56, 93, 118, 135, 141, 146; laif/Celentano: 109, 127; laif/hemis/Franck Guiziou: 133; laif/Monica Gumm: 32, 101; laif/Christian Heeb: 80; laif/Hemispheres: 45; laif/Le Figaro Magazine/Martin: 12, 142; laif/Thomas Linkel: 50/51; laif/Karl-Heinz Raach: 61, 85; Lookphotos/age fotostock: 70; Lookphotos/Thomas Roetting: 91; Martina Miethig: 8, 27; mauritius images/imageBROKER/Harry Laub: 20/21; mauritius images/imageBROKER/Norbert Probst: 29; mauritius images/imageBROKER/Rolf Schulten: 79; mauritius images/Catharina Lux: 102; Schapowalow/guillaume soularue: 26, 39; Shutterstock/africa924: 17; Shutterstock/Stefano Ember: 66; Shutterstock/Leonardo Gonzalez: 19; Shutterstock/Elliotte Rusty Harold: 15; Shutterstock/Anton_Ivanov: 14; Shutterstock/jakubtravelphoto: 40; Shutterstock/Anna Jedynak: 73; Shutterstock/Kamira: 69; Shutterstock/Marcin Krzyzak: 151; Shutterstock/Klemen Misic: 77; Shutterstock/Matyas Rehak: 13; Shutterstock/rmnoa357: 111; Shutterstock/Rudy Lopez Photography: 10; Shutterstock/SarkaSch: 113; Shutterstock/The Visual Explorer: 6/7; Shutterstock/Aleksandar Todorovic: 137; Shutterstock/Tupungato: 22, 131; stock.adobe.com/Ingo Bartussek: 47; stock.adobe.com/javigol860101: 43.

Liebe Leserin, lieber Leser,
wir freuen uns, dass Sie sich für diesen POLYGLOTT on tour entschieden haben.
Unsere Autorinnen und Autoren sind für Sie unterwegs und recherchieren sehr gründlich, damit Sie mit aktuellen und zuverlässigen Informationen auf Reisen gehen können.
Dennoch lassen sich Fehler nie ganz ausschließen. Wir bitten Sie um Verständnis, dass der Verlag dafür keine Haftung übernehmen kann.

Ihre Meinung ist uns wichtig. Bitte schreiben Sie uns:

GRÄFE UND UNZER VERLAG
Postfach 86 03 66, 81630 München, Tel. 0 89 / 419 819 41
www.polyglott.de

LESERSERVICE
polyglott@graefe-und-unzer.de
Tel. 0 800 / 72 37 33 33 (gebührenfrei in D, A, CH), Mo–Do 9–17 Uhr, Fr 9–16 Uhr

1. Auflage 2019

Dieses Buch wurde auf chlorfrei gebleichtem Papier gedruckt.
ISBN 978-3-8464-0380-8

Verlagsredaktion: Anne-Katrin Scheiter
Autor: Martina Miethig, Wolfgang Rössig, Beate Schümann
Redaktion: Renate Nöldeke
Bildredaktion: Dr. Nafsika Mylona
Mini-Dolmetscher: Langenscheidt
Umschlaggestaltung & Layout: Independent Medien Design, München Horst Moser (Artdirection), Lucie Heselich
Karten und Pläne: Theiss Heidolph und Kunth Verlag GmbH & Co. KG
Satz: Tim Schulz, Mainz
Herstellung: Anna Bäumner
Druck und Bindung: Printer Trento, Italien

PEFC
PEFC/18-31-506

GRÄFE UND UNZER

Ein Unternehmen der
GANSKE VERLAGSGRUPPE

MINI-DOLMETSCHER SPANISCH

ALLGEMEINES

Guten Tag.	Buenos días. [buenos **di**as]
Hallo!	¡Hola! [**o**la]
Wie geht's?	¿Qué tal? [ke tal]
Danke, gut	Bien, gracias [bjen **gra**sjas]
Ich heiße … .	Me llamo … [me **lja**mo]
Auf Wiedersehen.	Adiós [a**djos**]
Morgen	mañana [ma**nja**na]
Nachmittag	tarde [**tar**de]
Abend	tarde [**tar**de]
Nacht	noche [**no**tsche]
morgen	mañana [ma**nja**na]
heute	hoy [oi]
gestern	ayer [a**jer**]
Sprechen Sie Deutsch / Englisch?	¿Habla usted alemán / inglés? [abla us**ted** ale**man** / in**gles**]
Wie bitte?	¿Cómo? [**ko**mo]
Ich verstehe nicht.	No he entendido. [no e enten**di**do]
Wiederholen Sie bitte.	Por favor, repítalo. [por fa**wor** re**pi**talo]
…, bitte.	…, por favor. [por fa**wor**]
Danke	Gracias [**gras**jas]
Keine Ursache.	De nada. [de **na**da]
was / wer / welcher	qué / quién / cuál [ke / kjen / ku**al**]
wo / wohin	dónde / adónde [**don**de / a**don**de]
wie / wie viel / wann / wie lange	cómo / cuánto / cuándo / cuánto tiempo [**ko**mo / ku**an**to / ku**an**do / ku**an**to **tjem**po]
Warum?	¿Por qué? [por **ke**]
Wie heißt das?	¿Cómo se llama esto? [**ko**mo se **lja**ma **es**to]
Wo ist …?	¿Dónde está …? [**don**de es**ta** …]
Können Sie mir helfen?	¿Podría usted ayudarme? [po**dri**a us**ted** aju**dar**me]
ja	sí [si]
nein	no [no]
Entschuldigen Sie.	Perdón. [per**don**]
Das macht nichts.	No pasa nada. [no **pa**sa **na**da]

SHOPPING

Wo gibt es …?	¿Dónde hay …? [**don**de ai]
Wie viel kostet das?	¿Cuánto cuesta? [ku**an**to ku**es**ta]
Ich nehme es.	Me lo llevo. [me lo **lje**vo]
Wo ist eine Bank?	¿Dónde hay un banco? [**don**de ai um **ban**ko]
Ich suche einen Geldautomaten.	Busco un cajero automático. [**bus**ko un ka**che**ro auto**ma**tiko]
Geben Sie mir bitte zwei Kilo Pfirsiche.	Por favor, déme dos kilos de duraznos. [por fa**wor de**me dos **ki**los de du**ras**nos]
Haben Sie deutsche Zeitungen?	¿Tienen periódicos alemanes? [**tje**nen per**jo**dikos ale**ma**nes]
Wo kann ich telefonieren / eine Telefonkarte kaufen?	¿Dónde puedo llamar por teléfono / comprar una tarjeta telefónica? [**don**de puedo lja**mar** por te**le**fono / kom**prar** **u**na tar**che**ta tele**fo**nika]

ESSEN UND TRINKEN

Die Speisekarte, bitte.	La carta, por favor. [la **kar**ta, por fa**wor**]
Brot	pan [pan]
Kaffee	café [ka**fe**]
Tee	té [te]
mit Milch / Zucker	con leche / azúcar [kon **le**tsche / a**su**kar]
Orangensaft	jugo de naranja [**chu**go de na**ran**cha]
Mehr Kaffee, bitte	Más café, por favor. [mas ka**fe** por fa**wor**]
Suppe	sopa [**so**pa]
Fisch / Meeresfrüchte	pescado / mariscos [pes**ka**do / ma**ris**kos]
Fleisch / Geflügel	carne / aves [**kar**ne / **a**wes]
Reis	arroz [a**ros**]
vegetarische Gerichte	comida vegetariana [ko**mi**da vecheta**rja**na]
Eier	huevos [**ue**wos]
Salat	ensalada [ensa**la**da]
Dessert	postre [**pos**tre]
Obst	fruta [**fru**ta]
Eis	helado [e**la**do]
Wein	vino [**bi**no]
weiß / rot / rosé	blanco / tinto / rosado [**blan**ko / **tin**to / ro**sa**do]
Bier	cerveza [ser**we**sa]
Aperitif	aperitivo [aperi**ti**wo]
Wasser	agua [**a**gua]
Mineralwasser	agua mineral [agua mine**ral**]
mit / ohne Kohlensäure	con / sin gas [kon / sin gas]
Limonade	refresco [re**fres**co]
Ich möchte bezahlen.	La cuenta, por favor. [la ku**en**ta por fa**wor**]

MEINE ENTDECKUNGEN

Teilen Sie Ihre Entdeckungen auf facebook.com/Polyglottreisewelt.

CHECKLISTE KUBA

Nur da gewesen oder schon entdeckt?

- [ ] **FANTASTISCHE UNTERWASSERWELT**
Am Cabo Francés vor der Isla Juventud finden sowohl Taucher als auch Schnorchler ein Paradies mit allerlei Korallen, Fischen, Höhlen und Wracks. > S. 12

- [ ] **FLAGGE ZEIGEN**
Der rot-weiß-blau gefiederte Tocororo, Kubas Nationalvogel, lässt sich in den Wäldern um Las Terrazas beobachten. > S. 15

- [ ] **PARADIESISCHER WASSERFALL**
Die Wanderung zum Wasserfall Salto Javira in der Sierra del Escambray bei Trinidad lässt sich mit einem erfrischenden Bad krönen. > S. 12

- [ ] **UN-DOS-TRES ... – NUR NICHT VERZAGEN**
Beim Salsakurs lernt man den Hüftschwung à lo Cubano – ob in einer Tanzschule oder privat auf Straßen und in Bars. > S. 12

- [ ] **NOCH EIN MOJITO**
Wer den Nationalcocktail aus Rum, Limetten und Minze nicht probiert hat, war eigentlich gar nicht richtig in Kuba. > S. 14

- [ ] **SAFTIGE LANGOSTA**
Hmm, lecker – »sabrozo«, sagen die Kubaner, von denen sich allerdings die wenigsten das Meeresgetier zum Essen leisten können. > S. 15

- [ ] **BEACH BEAUTY**
Nicht wenige halten die Playa Pilar auf Cayo Guillermo für den schönsten Strand Kubas, und sie sind damit der gleichen Meinung wie einst Ernest Hemingway. > S. 113

MITBRINGSEL

- **Salud y suerte:** Mit Havana Club Rum schmeckt der Mojito nach Kuba > S. 67
- **Maracas:** Die Rasseln bringen kubanischen Schwung in jede Party zu Hause > S. 68